地底人に怒られたい

VOICE

illustration SEIYA

目次

第2章

インナーアースとの対話……インナーアースのいる世界&自分の道を探るためには？ 31

第3章

インナーアースとの対話……お金と豊かさについて 63

第4章 インナーアースとの対話……　ワンネス、そして願望実現　99

第5章　インナーアースとの対話……生と死・健康　143

はじめに
インナーアース（地底人）って何？

「インナーアースって、いったい何？」

「地球の中にいる存在って、どんな存在なの？」

「インナーアース」、いわゆる「地底人」と呼ばれる存在について多くの方が疑問を持つように、私もこの存在と初めて出会ったときには、驚きと共に多くの疑問を自分自身で抱えたものでした。

実際には、スピリチュアルの世界に馴染んでいる人々よりも、これまでこの世界にほとんど縁がなく、インナーアースなどという存在についてもまったく知識がなかった私の方が、たくさんの「なぜ？」を問いかけていたかもしれません。


「なぜ、この存在が私に話しかけてくるの？」

「なぜ、私でなければならないの？」

「なぜ、人々にメッセージを伝えなくてはならないの？」

そんな質問を何度もインナーアースに問いかけながら、この突然の新しい出会いを私なりに受け入れるのには、かなりの時間を要したものです。

なぜならば、その頃の私は、チャネリングという概念すら知らなかったからです。


けれども、ときを経て、インナーアースとお互いに理解し合い、同意の下でつながり、皆さんにメッセージをお伝えすることが自分のミッションであるということを、いつしか受け入れるようになりました。

それは、私にとっての新しい人生のはじまりでした。

またそれは、大きな役割を背負ったことに対する私なりの覚悟でもあったのです。

今は、インナーアースをチャネリングすることで、悩みを抱える皆さんへのメッセージを日々お届けしている私ですが、実は、この私自身こそが幼い頃から思春期を経て、つい数年前まで、自分自身も迷い、悩み多き人生を送ってきたのです。

自分の目標さえもわからずに、ただただ、自暴自棄になっていた時代もありました。

そんな私が、今、インナーアースの言葉をお伝えしていると、皆さんより、インナーアースは「厳しすぎる」「怖い」という感想をいただくことがあります。

確かに、私の口を通じて出てくるインナーアースの言葉は、私たち人間のように、人に気を遣うこともせず、その言葉もまったく飾らない実直なものなので、一見、厳しく感じられるかもしれません。

けれども、彼ら（インナーアースの存在・エンティティとしては女性性。また、インナーアースは一人の存在だけではなく、そのキャラクターの違いから複数いると思われる）は、あなたに対して、決して怒っているわけではありません。
逆に、あなたに、今この瞬間から「気づいて欲しい」「変わって欲しい」と願っているだけなのです。

そして、そのような強い思いがインナーアースになければ、彼らは私にコンタクトをしてくることもなかったはずです。

もし、私自身が悩みをたくさん抱えていた頃に、誰かにアドバイスを求めていたとしたら、やさしいトーンで「大丈夫よ、心配しないで」といってくれるだけのアドバイスであったならば、その場では自分の気持ちは一瞬慰められたとしても、その後の自分には何の変化も起きなかったかもしれません。

ときには、本当にその人が根本から変わるためには、その人の意識が目の覚めるような〝揺さぶり〟が必要です。

それが、インナーアースの場合には、彼らなりのダイレクトなコミュニケーションなのかもしれません。

これまで、多くの人へインナーアースからのメッセージを届けてきましたが、その共通するメッセージは「目覚めよ！」という言葉です。
一冊を通じて、質問者との対話を通して、インナーアースからの言葉が、あなたにとっての何かの「目覚め」のきっかけになれば幸いです。

２０１５年10月吉日
町田真知子

第1章
インナーアースとの出会い

インナーアースの前身、鳳凰との出会い

まずは、どうしてこのような不思議なコミュニケーションが私に起きたのかをお伝えするためにも、私とインナーアースとの出会いからお話ししたいと思います。もっと正確に言えば、インナーアースの前身との出会いです。

もともと、幼い頃から見えない世界と自然につながっていた私は、人には見えないものが見えたり、聞こえたり、という体質でしたが、その出会いも不思議な出来事からはじまりました。

大人になって出産を経てからは、ペットからのメッセージを伝えたり、赤ちゃんのメッ

セージを伝える〝ベビーメッセンジャー〟としての活動をしていました。

その出会いは、ある日突然、何の前触れもなくやってきました。

インナーアースへとつながる存在に出会った日、私は、地方のある神社を訪れていました。

境内へ入った瞬間、あるものが私の目に飛び込んできたのです。

それは、普段ならその境内にはいるはずのない、明らかに現実の世界の存在とは思えない一羽の荘厳な鳳凰《ほうおう》の姿でした。

私たちの世界で一般的に、「フェニックス（不死鳥）」とも呼ばれる鳳凰の姿を一目見たときに、なぜだか私には「これは、火の神様だ」ということが瞬時にわかりました（ちなみにその神社は恵比寿様を祀る神社であり火の神様とは関係はありません）。

明らかに、その鳳凰は、私の目にだけ見えているようです。

鳳凰は、私と目が合うと、じっと見つめ返してきます。

さらには、私を凝視しながら、私のすべてを見通しているような気がしてきたので、私は怖くなると、思わずその神社から逃げ出してしまいました。

けれども、東京に戻っても、そのときに見た鳳凰のことが気になって仕方がありません。

あの鳳凰は、私に何か言いたいことでもあるのでしょうか？

あまりにも鳳凰のことが頭から離れないので、意を決して、再度その神社を訪れることにしました。

すると、そこにやはり鳳凰の姿はありました。

まるで、ずっとそこで私を待っていたかのように。

そこで、私は勇気を出して、語りかけてみました。

「どうして、そこにいるの？」

すると、返ってきたあまりにショックな一言に、私はしばらく動けませんでした。

「あなた、醜いわね！」

〝醜い〟という強烈な一言に狼狽《ろうばい》してしまった私は、混乱すると、その場所から再び逃げ出しました。

けれども、なんと、この日から鳳凰は私の行く先々にいつも付いてくるようになったのです。

それはまるで、私が鳳凰にストーキングされているような感じでした。

鳳凰に導かれ外見から**生まれ変わる**

「〝醜いわね〟なんていうほど私のことが嫌いならば、どこかへ行けばいいじゃない？」そう言っても、鳳凰は私の側にいて、何かと語りかけてくるようになりました。実際には、語りかけてくるというよりも教育するといった方がいいかもしれません。

「これを食べなさい」「そんな服装ではなく、こんな格好をしなさい」「ストレッチをしなさい」「もっと歩きなさい」「こんな深夜にPCにかじりついていてはダメ。もう、寝なさい」などと、私のこれまでの生活習慣や嗜好、考えを改め、ライフスタイルやマナーを一新しはじめたのです。

それは、鳳凰というガイドが、私をすべての面からコーチングしているというような状況だったかもしれません。

あるいは、映画『プリティウーマン』で、リチャード・ギアがジュリア・ロバーツを自分にふさわしい女性に変えて行くシーンがありましたが、私も鳳凰の手にかかって鳳凰の望む姿に変えられているような状態でした。


その結果、何よりもまずは食生活が変わったためか、育児ストレスで太っていた体重が約２カ月の間に10kgも減りました。

ファッションもカジュアルなスタイルから、特にクライアントさんに会う際などはスーツなどきちんとした格好をするようになり、自然と立ち居振る舞いも変化していました。

また、心理面に関しても、本屋で読むべき本がふと目に入ったり、知り合いから偶然にも「これを読むといいわよ」などと必要な情報が私の手元に舞い込むようになりました。

気がつけば、精神的にも身体的にも鳳凰の手ほどきのもとでメンテナンスが行われ、私は文字通り、すっかり外見から生まれ変わっていたのです。

けれども、この頃はまだ鳳凰はあくまで〝私の側〞にいて、〝私の中〞には入ってきていませんでした。

そして、なぜこのような状況が私に起きているのかも、まだ理解していませんでした。

その頃、古くからの友人や昔からのクライアントさんに会うと、私の外見があまりにも変わったために、前と同じ人間だとは思えない、まったく別人のようになったなどと言われるようになりました。

インナーアース、現る

そして、私の容姿が変わってしばらく経ったある日、鳳凰は私の身体の中に入ってきたのです。

「私は、あなたを選んでいたけれども、あなたのボディースーツ（身体）が汚れていたので、私は中へ入れなかった。でも今、あなたの周波数が変わったので、こうして私はあなたの中に入ることができる」

そう告げると、これまで鳳凰であった存在は、実はインナーアースであったことを自ら明らかにしました。

インナーアースは、私を通して自分が語っても以前のあなたなら誰も信じてくれないから、姿形を変えるところからはじめた、とも伝えてきました。

最初は、このインナーアースがどのような存在なのか、自分でも理解できませんでした。

ただし、インナーアースの詳しいプロフィールを私はそこまで知る必要はないだろう、ということもなんとなくわかりました。

なぜならば、この存在に会うことで私は変わり、前の自分よりも今の自分の方が好きになれていたからです。だから、インナーアースが邪悪な存在であるとは決して思えませんでした。

けれども、しばらくの間は、この新しい関係性にはまったく馴染めませんでした。

どちらかと言うと、いやでたまらなかったというのが本音です。

なぜならば、自分の中に別の人格が入ることで、何かに憑依《ひょうい》されているのか、もしくは多重人格者、病名で言えば、「解離性同一性障害」になってしまったのではないかと思ったからです。

私は、私という人格がそのうち乗っ取られて、〝自分〟というアイデンティティが消えてしまうのではないかと思うと強い恐怖を感じていました。

特に、私からインナーアースに移り変わるときは、自分という存在が完全に一度なくなり、死んでしまうような感覚が襲ってくるのです。それが恐ろしくて、自分自身をなんとか保っていたいと、テーブルにまでしがみついて必死に抵抗していたこともありました。

けれども、それは無駄な抵抗でしかなく、私という存在は肉体から魂だけが引きはがされ、バン！　という大きな衝撃を覚えた途端に、宇宙の彼方まで一気に吹き飛ばされているのです。

このような話を信じていただけない方には、ただの比喩に聞こえるかもしれませんが、その瞬間、私のビジョンでは、ビー玉のように小さくなった地球を宇宙に浮かびながら何もできずに見ているだけなのです。

インナーアースとの**不思議な**パートナーシップ

それまでの数年間は、確かに赤ちゃんやペットのメッセージは伝えていたけれども、スピリチュアルの世界に興味があったわけではありません。

「スピリチュアルな存在に会いたい」「神を降ろしたい」と願う人は多いのに、なぜ、そんなことを願ってもいない私にこんなことが起こるんだろうと悩む日々も続きました。

けれども今、私はこの状態を受け入れるようになり、インナーアースとのパートナーシップを築くようになりました。

インナーアースはよく「私は、あなただから」と言いますが（クライアントさんにも同じように語っていますが）、その感覚が今でも私には理解できないことがあります。

インナーアースは、ワンネスの概念の中では、「私たちは連なったネックレスのビーズのひとつであり、私の後ろにいるのがあなたよ」という風に表現します。

今、私も自分なりにワンネスを理解していますが、私自身が学ぶためにも、インナーアースという存在が私のもとへやってきたのかもしれません。

また現在、インナーアースは、私に常に語りかけてくるわけではありません。

私がクライアントさんからの疑問や悩みをインナーアースに問いかけたときに、インナーアースはやってくるだけです。

けれども、ごくたまに、私がとても落ち込んだときなどに突然入ってきて、「あなたが落ち込むのは勝手だけれども、私の仕事を邪魔しないで！」と言われることがあります。

要するに、私が沈んだ気持ちでいると、クライアントさんへのセッションがおろそかになってしまう、と言いたいのです。

インナーアースにそう言われると、私も「ゴメンね！　しっかりします！」と気持ちもしゃきっとしてきます。

このような厳しい言い方も、インナーアースなりの叱咤激励なのかもしれません。

インナーアースの発言の端々には、彼らからの「目覚めよ！」という強い思いが随所にちりばめられています。

インナーアースについて知るためには、そして、彼らが伝えたいことを理解するには、インナーアースとの対話をそのまま読んでいただくのが一番です。

質問者の答えは、質問者に向けてだけでなく、多くの人にもそのままお伝えしたいメッセージです。

さあ、それでは、インナーアースとの対話をはじめましょう。

第2章

インナーアースとの対話……
インナーアースのいる世界&
インナーアースのいる世界&
自分の道を探るためには?

Q＝地上の人（女性）／Q２＝地上の人（男性）／地底人＝インナーアース

インナーアースさんの本を出します

Q　今回、インナーアースさんとお話しして、いろいろなことを教えていただきたいと思っています。

地底人　それには、まず、あなたが楽しまなきゃ、あなたが楽しくなきゃね。
あなたが不安を感じれば、それがすべてこの本の中に出てしまうわ。
だから、このことに関わるすべての人が楽しまなきゃ。

いい？　すべてのものは大きな存在からきているの。

あなたは、このことに携わるひとつの役目を担っているかもしれない。

でも、転生の中では時間は存在していない。

つまり、あなたのどこかの転生の中で、いつか読者として出会うかもしれないのよ。

そのときのあなたは、女かもしれない、男かもしれない。

子供かもしれないし、老人になっているかもしれない。


今のあなたは作り手側かもしれないけれども、いずれ、どこかで読者になる可能性があるの。

なぜならば、すべてがあなたから成っているんだから。

だから、誰かに読ませようと思っちゃダメなのよ！

あなたが楽しくなきゃ。

Q２　そうすれば、皆が喜んでくれるんだ。

地底人　当たり前でしょ？　その皆は誰だと思っているの。

Q　すべての人が、私たち自身でもありえるわけですね。

地底人　そう。形を変えているだけ。

あなたは今、ここのポジションにいる。でも、形を変えて私のポジションにもいたこともある。

あなたが何十年後かに、転生して、この本を手に取るかもしれない。

もしくは、転生後の子供時代にあなたの母親がこの本を手に取って、子供のあなたに渡すかもしれない。なぜならば、時間は存在していないのだから。

いい？　思い切り楽しむものが、そのまま広がっていくのよ。

だって、楽しいことは何度だってしたいでしょ？　飽きるまでね。

楽しいことはずっと体験していたいもの。

Q　楽しいと時間は感じないといいますもんね。

地底人　それは今、私の言っている意味とはちょっと違うけどね。

Q　ほら、楽しいと時間の感覚がないので歳をとらない、というじゃないですか。

地底人　あなたは、今、私が話していることをわかっているの？

あなたは今、ここのポジションにいるだけ（バンバンと机を叩く）。

でも、転生の中で今の肉体を離れてまた生まれ変わり、いつか、この本を手に取る。

つまり、自作自演なの。あなたたちは作り手であり読者でもある。

だから、誰かに読んでもらおうなんて思っていなくていい。あなたの自己満足で構わないのよ。

インナーアースのいる世界について

Q　まずは、インナーアースさんという存在、そして、インナーアースさんのいらっしゃる世界についていろいろとお訊きしたいのですが。

地底人　あなた、そんなにありふれた、わかりきったこと訊きたいの？　すでにそういう本はたくさんあるでしょ？　二番煎じでいいの？

Q　インナーアースの情報というのは、すでにいろいろとあることはあるんです。

地底人　それが、何かあなたの役に立った？

Ｑ　役に立つかどうか、という意味ではよくわかりません。
でも、これまでいろいろな人たちがインナーアースという存在にアクセスしていて、いろいろなことを教えてくれています。そこで、町田さんがアクセスするインナーアースとはどんな存在なのかは、やはり読者は興味のあることだと思うのです。

地底人　あのね、アクセスする人次第で、それぞれのフィルターは違うものなの。
好奇心で私たちの世界を知ろうとすれば、
いくらそこにチャンネルを合わせて私たちにアクセスしたとしても、
その人たちの好きな次元だけしか見ることができない。
これまで紹介されてきた情報が、あなたたちのためになっているのならわかるのだけれども。

だから、そんなことをして何になるの!?

私たちは、あなたたちに必要な情報は常に与えているのよ。

私たちは見えないところでいつもつながっていて、あなたたちは私たちにもなれるの。
ということは、同じ世界を内側からも、外側からでも共有することができる。
それに、あなたたちは、この世界にいながらも、
それぞれが皆、違うものを見て感じているでしょ？　それと同じよ。
でも、私たちは同じ意識体として共にすべてのことをシェアしている。
だから、私たちがひとつであるという認識ができたときには、
地球の上で暮らす人間であろうが、地球の中にいる存在であろうが違いはないはず。

だいたい、あなたたちはね、
物質的なものに捉われているから、そんなことを知りたがるんだ!

私たちの世界を本当に見たければ、あなたたちが私たちと同じ周波数になったときに、同じように見ることができるのよ。
他の人から情報を教えてもらう必要はまったくない。違うかしら？

Q　そうですね。でも、好奇心かもしれませんが、インナーアースさんたちがどこにいて、どんな環境で、何をしているかっていうのは、
やっぱり知りたいことではあるんですよね。

地底人　だから、本当に必要になったら伝えるって言ってるの！
あなたたちが求める答えは私たちが持っている。
でも、あなたたちも持っているの。
私が答えを出すのは簡単！
でも、教えたとしても、あなたたちは、その答えをすぐ捨ててしまう。
そして、それは、あなたたちのものにはならないのよ。

私たちの生活が知りたければ、あなたたちが自分で引き出さなきゃ。
そうすると、あなたから私たちの方へ道ができることになる。
そうでなければ、いくら答えを見つけたとしても、
答えを出すための方程式を知らなきゃ何の価値もないでしょ。

Q　でも、そういった情報を知ることで、「ああ、こんな世界があるんだ！　素晴らしいな」と思ったりするものなんですよ。

地底人　だから、そんな情報なら、もういくらでもあるの！
ここだけじゃない。脳内にもたくさんある。絵本の中にもある。
それらを、あえてまた聞きたいの？　それなら、映画館や図書館に行けばいい。
あなたが見たいファンタジーは、いくらでも映画や本の中にあるのだから。

Q　例えば、これまで一般的に知られている地球内部の世界は、シャスタ山の地中深くに

はテロスという地底都市があり、そこはシャンバラのような平和な世界で、ポーソロゴスと呼ばれる図書館があって、緑があふれた美しい世界に生きる存在たちは皆、フレッシュな野菜や果物を食べていて、とか。

地底人　わかってないのね！
あなた自身が質問の内容をわかっていないようね。
あなたが私たちのことを知りたいというのは、あなたは私たちのようになりたいから？

Q　もちろん、そういう高次元と呼ばれる場所には、いつかは行きたいとは思います。

地底人　じゃあ、そこからはじめなきゃ。
私たちの生活を聞いたところで、結局、「ああ、そうなんだ」で終わりでしょ？
もうそんな話は、これまでいくらでもあったでしょ？

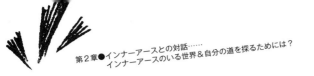

あなたたちはひとつのファンタジーを聞くと、また違うファンタジー知りたがり、
それを飽きるまで知りたがる。
そして、そういう話をただのファンタジーだと思い現実じゃないと思っている。
私はね、リアルな話をしているのよ！
ファンタジーの話はもういくらでもある。あえて、また話す必要がある？

Q　それでは、インナーアースさんがいる高い次元に行くにはどうすればいいのですか？

地底人　あなたが求めたところから行けるわ。

それには、まず、あなたが根本的に何を求めているのかを知る必要がある。

でも、あえて私は答えは出さない。それに、あなたが求めなければ、私はそれを伝えられない。

Q　では、自らがそれを探求してゆくのですね。

地底人　みんなが求める道が同じだったら、宗教はひとつで十分でしょ。

それぞれにとって違う道、違う教え、考え方がある。道はひとつじゃない。複数存在している。

そしてあなたたちは、自分でこれだと思ったものがあなたたちにとっての真実になってしまう。

そこに答えだけ教えられても、あなたたちの血や肉にはならない。

私はそのことをよく知っている。

それなのに、あなたたちは知識だけを得ようとして、また、情報を知りたがる。

でも、その知識はただの飾りにしかならない。

だから、あえてファンタジーを私が語らなくてもいいのよ。

チャネリングがはじまった理由

Q　わかりました。

それでは、別の質問です。

どうして、今、町田さんの身体を以て、地球人に向けてメッセージを伝えようと思われたのですか?

地底人　このことは、もともとずっと前からプログラミングをされていた。

彼女が生まれたときから、すでにそう決まっていたんだ。

そして、ただ今のタイミングがきただけ。彼女がこのことを選んだの。

一方で、あなたはあなたという自分を選んだ。

皆、役割がそれぞれ違って同じではない。

Q　そうすると、私たちの運命はすべて決まっているんですか？
それとも、自由意思で変えられるのですか？


地底人　あなたね、神に逆らえると思っているの？

逆らえないでしょ？　後はあなたが、それをどういう風にそれを受け止めるかということ。

同じ体験をしても、人の感情は違う。どういう風にそれを見るのか。

でも、今、あなたが言った言葉も、すべてシナリオに入っている。

Q　そうすると、すべてのことは、よく巷で言われている、〝アカシックレコード〟のようなものに入っていて、人生で起きるイベントは、すべて事前に決まっているというのは正しいのですか?

地底人　あのね、いろいろな概念や次元をいっしょくたにしないで欲しいのよ!見えないことは、定義付けをすればするほど、あなたたちの理解からは遠のいてしまう。
アカシックレコードというキーワードを出しても、受け手にとって、そのことに対する理解度は違うんだから。

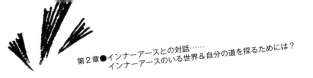

自分の人生の方向を知る方法

Q　例えば、自分にプログラミングされた人生がどんなものかを知りたい場合、どうしたらいいのですか？

地底人　ただ気づけばいい！
生まれたときから、すべてがオートマチックにはじまっているのだから。
そして、あなたはそれを演じているだけ。
あなたはそれを感じて一喜一憂するだけ。
なぜ、あなたはあなたという自分自身を選んだのか。

それは、あなたが、**あなたという人間を体験したくてここに来たのだから。**

そうならば、あなたの人生は悪いようにはならないはずでしょ？

自分を信じなきゃ。

Q　例えば、悩んでいるときや、自分の進む方向性を知りたいときは、どうすればいいのですか？

地底人　自分で答えを引き出さなきゃ。

私が正解を言っても、あなたは聞かない。だって納得しないもの。

Q　意外と、納得すると思うのですが。

地底人　口先だけはね。

でも、それはあなたの気づきにはならない。あなたが気づくまで引き出さなきゃ。

Q　それは、どうすれば引き出せるのですか？　瞑想で〝無〟になるとか？

地底人　あなたは、無になったことがあるの？　それに、あなたの瞑想は瞑想なのかしら？

Q　わからないですね。

地底人　じゃあ、瞑想できてないんじゃないの！
あなたが無になれていないということは、あなたの意識は常に外にある。
そして、あなたは常に他の誰かや外側にある何かに決めてもらおうとする。
それは、あなたが自分の内側にいないということ。
そして、あなたが不在だということは、他者が神になってしまう。

Q　何か、自分の道を探る上でヒントとかあればいいのだけれど。

地底人　自分を信じなさい！　それが最大のヒントよ。
だいたいね、あなたの質問自体がぼやけているのよ。あなたは何を求めているの？
何が欲しいの？

Q　自分の人生のミッションを自分でも知りたいし、それがわかれば、自分でもそれを掘り下げていこうかと思っているんです。

地底人　あなたは、掘り下げられないわよ。だって自分を信じていないもの。
ただ、あてどもなく、あなたは掘り続けるのよ。ここにもない、ここにもないといつまでも掘り続ける。

Q　でも、こんな風に迷える人は多いと思うのですが。

地底人　じゃあ、それでいいんじゃない？

Ｑ　それでも、皆、自分の道を探すために、なんとかしたいと思っているんですよ。同じように悩んでいる人にも、何かヒントが与えられたらいいのにと思って。

地底人　だから、そのために今、このやりとりをしているの。
でも、あなたは今までたくさんのことを学んできたけれども気づいていない。
あなたがすべてのことを選んでいるのよ。

Ｑ　さっき、すべてのことはプログラミングされているとおっしゃいましたが、そうすると、今、悩んでいることもプログラミングされているのですか？

地底人　あなたたちはね、自分が悩みたいから悩んでいるの。
まだ、これ以上悩みたいの？

Q　悩みたくないです。

地底人　じゃあ、悩まなければいい。捨てればいい。
あなたたちは、エゴと結びついているから自分自身がよく見えていない。
あなた自身が大きな光なのに。そして、そこからあなた自身を見ているの。
要するに、あなたは、自分で何を表現したいのか、ということ。
聞いているの!?

Q　聞いていますよ。だから、何をしたいか、ということを考えていて、今、道の途中で。

地底人　道の途中にしたのは、誰？
それに、道の途中ならその旅路を楽しまなきゃ。
結果がわかれば幸せなの？

その途中が楽しいんでしょ？

Q　同じプロセスなら楽しまないと、ですよね。

地底人　いい？　常にこの瞬間しかないの。
それなのに、**結果の方だけを見て、そこに到達したときの喜びを待っている。**
でも、それは永遠にこない。だって、あなたたちは、未来に存在していないから。
だからもし、この瞬間を楽しめないのなら、いくら夢を見ていても、
その夢の自分と現実の自分のギャップを感じるだけよ。
もし、**夢の自分と今の自分を近づけたいのなら、**
今のこの瞬間を楽しむことによってそこへ行けるの。

そして、何かと言葉だけで認識しようとしないこと。
あなたたちは、すぐに言葉だけで理解しようとする。

でも大事なのは、あなたが何を感じたかということ。

それに私は、私の言葉を伝えたいわけじゃない。

どんなに説明しても、決定権はあなたにしかないのだから。

結局はあなたがどう感じるか、あなたがどうしたいか、ということ。

人の話を聞きたいだけなら、この世界で、もう何十万人という人が出てきて似たような話をしている。

Q2

おっしゃることはよくわかります。
そして、自分にとってのワクワクを追求すれば、
それが望む未来や自分のやるべきことにつながっていくというのはわかるのですが、
現在の生活が激変するという不安もあって、理想や夢を追求できないこともあるんですよ。

不安の**反対側**にあるものが自分の欲しいもの

地底人　じゃあ、そこにどっぷりそこに浸かっていればいい。
なぜ、そこにしがみついているのかわかる？
それは今の地位、職場、パートナー、環境などを失いたくないから。
でも、そんなものさえも、一度、すべてなくしてしまえばいい。
そうしたら、完全に本当のあなた自身になれるのだから。
人は、どん底に落ちるから上へ上がって行けるものなの。
そこで初めて悟りを開く。
そういう人たちは、完全に捨てることによって、不安を消し去ったの。

不安を思い切り体験したからね。

Q　結局は、不安と恐怖がすべての足かせになっているんですよね。

地底人　中途半端に不安を感じるのなら、一度、思い切り味わえばいいのよ！
すると、その場所からいつか離れるから。
それに、なぜ、不安を持つのかわかる？
自分を愛そうとしているから。愛したいからよ。
でも十分に自分を愛せないから、その思いが形を変えて不安になっている。
愛はエネルギーであり、不安も愛の形を変えたエネルギーなの。
ポケットに不安という重たい石を幾つも詰め込み、海に沈んで行ったとすると、
海底まで沈んだら、あなたは必死になって、上へ這い上がってこようとするでしょ？
そして、ポケットの重い石に気づけば、それを下に落として上へ浮き上がってくる。

でも、実際にはその不安だって幻想なのよ！

現実だと思っているものも、本当はすべて無なのよ。

本来なら、不安というものさえも体験などしていない。

それに、体験したらもう不安ではなく、ただひとつの経験になるだけ。

石をポケットから捨てたなら、あなたは自分に愛を注げばいい。

純粋な愛だけをポケットに入れればいい。

すると、あなたの身体に風船がついてそれが大きく膨らみはじめるから。

そして、あなたの肉体が自分自身でないことに気づく。

あなたたちは大きな源から来ているんだ。

それなのに、ピンポイントのスポットライトを浴びて〝個〟という存在になってしまい、自分が神であることを忘れたの。

本当なら、あなたたちは無限という意識のおおもとから来たひとつぶの雫《しずく》なのにね。

Q２　じゃあ、不安を捨てればいいということだ。

地底人　でも、捨てるだけじゃダメ。

上がる方法も教えたでしょ。

不安は、あなたが最も大事にしようと思っているものが不安なの。

失いたくないものが不安なの。

それを純粋な愛のエネルギーに変えるの。

ネガティブからポジティブなエネルギーに変えるの。

不安を持っているということは、あなたは自分を愛する材料を持っているということなのだから。

それは飛び上がる準備のための道具になる。

でも、詰め込みすぎるから苦しくなって動けなくなる。

あなたたちは、ポジティブとネガティブの感情にいつも揺さぶられているけれど、
どちらかというとネガティブの方が好きでしょ？

それは、もともとはポジティブだからよ。

万物を創った神がネガティブな存在だと思う？

あなたたちはポジティブな場所からきたの。

あなたたちは、肉体を授かって神でない役割をするけれども、あなたたちは神自身なのよ。

あなたたちは光なの。

でも、光は光の中で存在できない。

だから逆に闇の方に、ネガティブな方に魅かれてしまう。

Q　でも、どのように光の方向へ行けばいいのかと。

地底人　あなた、これまで私の話を聞いていたの？　これで三回目よ！

まずは、自分の不安をよく観察するの。

そこには、必ず自分が大事にしたいものが隠されているから。

何が不安で、何が恐怖なのか。

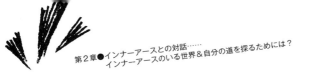

もし、自分のことを愛せないのなら、その理由をリストにしてみればいい。

すると、そのリストにある反対の事柄が、あなたが自分を愛するための材料だから。

ポジティブとネガティブはエネルギーの方向が違うだけなの。

もし、それも難しいというのなら、自分というものを一度全部捨ててしまいなさい。

だって、必要ないでしょ？

例えば、小さな子供は純粋だから、たくさんのものを自然にぐいぐいと吸収する。

でも、大人になったあなたたちは、子供と同じようにそれらを受け入れようとしないだけ。

私が言うことは、シンプルなの。あなた自身が本当に欲しいものだけ取ればいい。

そして、それがわからないのなら、不安をリストアップしてそれを冷静に分析すればいい。

Q
欲しいものがわからないなら、逆を行け、ということですね。

地底人　そう。そうすれば、最も大事なものが認識できるから。
ただし、不安というネガティブなエネルギーをまとうのではなく、
ポジティブなエネルギーをまとうこと。

Q　リストアップしてみます。

地底人　そして、自分を信じること。
信じることは愛することと同じ。
あなたたちは、その道に着実に進んでいるのに、失敗と思うから失敗するの。
勝手に自分で終止符を打つだけ。

何より、**あなた自身が神だからこそ、あなたが失敗と言えば、失敗で終わる。**
でも、それはただのプロセスであり失敗ではない。
本当に終わりがくるのは、肉体を離れるときだけなんだから。

第3章
インナーアースとの対話……
お金と豊かさについて

自分の**価値**が自分のお金の量になる

Q　それでは、次の質問をいいですか？
インナーアースさんから見た人間界における「お金」とはどのようなものなのですか？
私たち人間は、生きていく上で、お金というものに振り回されているわけですが。

地底人　**あなたは、お金とどう付き合いたいの？**

Q　上手く付き合いたいです。

地底人　それは、あなた自身と付き合うということ。
あなたたちは、物質世界にいるんでしょ？
あなたは自分自身の価値を自分が認められない。
お金はあなたが自分の価値を数値化したものなの。
もし、あなたがお金に踊らされているのなら、
あなたは自分の価値を理解できていないということ。

Q　それでは、自分の価値を自分で認めればお金持ちになれるということですね。

地底人　お金持ちになりたいの？

Q　お金はあった方がいいと思います。

地底人　なぜなの？

Q　お金があると、物質的にも豊かな生活が送れるし、
いろいろな体験をすることができる。

そして、いろいろな場所へも行ける。


地底人　でも、たくさん持つ必要はないでしょ？

あなたに必要な分だけもらえばいい。

あなたたちは、お金がたくさんあればあるほどいいと思っている。

でも、そうじゃない。

あなたたちが、お金というものを持てば持つほどいいという概念をこの世界でつくり上げたから、今のような消費社会ができてしまった。


じゃあ、こちらから訊くけど、お金持ちの人は皆が〝豊か〟なの？

すべての人がそうではないはずよ。
あなたたちが必要なポジションにいて、必要な量を自分でわかっていれば、
常に豊かでいられるはず。

それなのに、あなたたちの意識は、いつも外へ外へと向かっていく。
目に見えるもの、形のあるもの、物質的なものへとね。
それらはうつろいやすいものなのに、
それが確実なものだと思っている。
あなたたちは、眠っているのと同じよ。

Q２ でも僕らは、ご飯を食べないと生きていけないでしょ？
最低限のお金はないと生活できないからね。

地底人 今、食べられないの？

Q2　今は食べられますけれど……。
例えば、突然不意に怪我をして、働けなくなってお金も尽きてしまった、
というようなケースだってあるでしょ。
そうすると、食べることさえもままならなくなる。

地底人　まず、「怪我をする」ということは、自分自身に価値を置いていないから怪我をするの。

あなたが、あなた自身を愛していないと病気にもなってしまう。

それは、自分を満たしていないということ。

でも今、あなたには蓄えがないわけじゃないでしょ？

あなたたちには、必要なものは入ってくるの。

それをあなたたちは信じていない。自分を信じないから。

でも、お金があったとしても、もし、災害などがくれば、お金はただの紙きれよ。

何の価値がある？

Q　理想的な社会は、本来なら物々交換なのかもしれませんね。
例えば、自分のつくったお米を隣の家でとれた野菜と交換するとか。

地底人　もし、あなたが自分自身に価値を見出せないのなら、
その物々交換でさえも違う価値判断になってしまうから意味はないわ。
だからこそ、あなたは、自分自身を認めることが大事なの。
自分をどこまで満たすことができるのか、
自分にどれだけのものが必要なのかがわかれば、たくさんのものは必要ない。
それはお金であれ、他のモノであってもいっしょ。
あなたの世界は物質でできているから、あなたたちはすぐに何かを欲する。
そして、自分の価値がわからないからこそ、
お金やモノなどで自分を満たし、安心しようとする。
あなたたちは、常に不安を感じている。

でも、お金を持つと、それはそれで、さらにあなたたちは不安になる。

もちろん、お金がなくても不安なわけだけれどね。

本来なら、必要なものは入ってくるということを知っていると、
すべてのことが円滑にまわりはじめるのに。
あなたたちは、たくさんのものを持っているのに、常に飢餓状態だ。
自分にとって必要なものが何であるかを知らなくちゃ。

Q 必要なものを知りたい、でもわからないのが人間なんだと思うんですよ。

でも例えば、世の中には、大金持ちの人もいれば、貧しい人もいますよね。

特に、今の時代は、貧富の差も激しくなりつつあります。

自分の在り方がすべての現実をつくっているといわれるけれども、
貧しい人などは、貧しさを望んでいないのにそういう状況の人もいる。それはなぜですか?

地底人　もし、本当に真剣に何かを望めば不可能なことはないはずよ。

Q　では、貧しい人は、潜在的に心のどこかで貧しさを望んでいることになるのですか？

地底人　すべては経験であり、相対的に存在している。
それに、貧しいというのは何に対しての貧しさ？　その対照はどこ？
例えば、お金持ちでも上を見ればもっと大金持ちもいるでしょ。
その場合、その人に比べれば、そのお金持ちは貧しいということになる。

（突然、ムッとして）
だいたいね、あなたたちの質問はね、とてもユルいのよ！
あなたたちはこんな一般的なことを訊いて、何が楽しいの!?

Q　いや、その、お話しを聞いていてけっこう楽しいですけれど……。

地底人　あなたたちは、知識欲によって満たされているだけ。
本質的な実行力はまだついていないでしょ？

Q　その本質的な実行力とは、お金についての問題だと、
今、言われたことを自分の中で消化して、
それを自分の生き方に反映して、行動を起こして豊かさを招く、ということですか？

地底人　そんな知識ならもう十分に持っているでしょ。
それなのに、なぜ、皆が同じように豊かになれていないのか。
それは、それらの知識をただの机上の空論にしているから。
「これはこんな話だ」「あれはあんな話だ」、というだけで自分のものにしていない。
あなたは、考え方にだけ納得してちっとも実行していないでしょ？

こういった話も、ただのニュアンスだけで終わってしまう。
それなのに、ありふれたことしか訊かない。
本質的なところではなくて、表面的なことだけ訊いて満足しているのなら、
こんな話はすでにたくさん世の中にあるでしょ。
いらないわ！

お金が減ることにフォーカスを当てれば、お金は減る

Q　〝本質的な〟というのは〝本当の悩み〟みたいなもの？

地底人　求めなければ、何も開かれないの。あなたは、何を求めているの？

Q　お金の問題でいえば、お金はそこそこ欲しいです。
だって、私の場合、年々、貯金が目減りしていっていますから。困っているんです。
だから、どうやったら豊かになれるかっていうのは、本気で知りたいんですよ！
ついに、本音を言っちゃいましたけれども。

地底人　**じゃあ、なぜそこを訊かないの？**
あのね、カッコつけちゃダメなのよ！
それに、あなたたちも同じなのよ（くるりとその場にいる他の３名の方を振り向き）。
あなたたちも、笑ってなんかいられないのよ！（笑っている3名に向かって）
もし、あなた（目の前の質問者）**が本質に気づき、実行力をつければ、**
今度は彼らのことを笑うことになる。

Q　もしそうなれても、皆さんのことは笑わないようにします（笑）。
でも、自分でもいやな仕事はしていない。
そこそこワクワクする楽しい仕事をしていて、
そして、豊かさの基本のルールみたいなものを仕事でたくさん扱って理解している。
それなのに、どうして現実ではそうではないのか。自分でも不思議なんですよ。

地底人　それは、あなたが楽しい仕事には価値を見出していても、自分に価値を見出していないからよ！

それに、貯金を遣うことは、いけないことだと思っているの？

もしそうなら、そこにネガティブな感情を見出してしまう。

そして、貯金を遣うことはいやだ、と思ってしまう。

いやだと思えば思うほど、あなたはそれを何度も体験することになる。

Q　「あー、額がどんどん減っていく」という身を切られる思いですね。

地底人　額が減ることに意識を向けて、そこにエネルギーを持っていけばいくほど、**あなたの思考はすべて具現化してしまう。**

貯金が減るという恐怖の体験をまた引き起こしてしまう。

あなたは、一部ではワクワクしているかもしれないけれども、

実際には、そうじゃないこともやっているのよ。

豊かになるには、あなたが自分自身を思い切り愛すること。
思考がすべてあなたに体験をさせるのよ。
もし、今の状態がいやなら、変えなきゃ！

それに、あなたは財布からお金を出して、その見返りにモノを受け取って、
出すときは恐怖を覚えるけれども、受け取るものにはそこまで喜びを感じていない。
あのね、お金はあなたのために遣ったんだ！
お金は遣う分だけ、あなたの価値を上げていくんだから！

Q　確かに、貯金を降ろすときには恐怖を感じても、
何かモノを買っても、そこまでそのことに感謝とかはしていないかも。
とりあえず、欲しいから、必要だから買った、というくらいで。

地底人　あなたたちは、消費をするということに対して、すでに麻痺しているからね。

それに、買うモノが本当に欲しいモノかどうかも認識できていない。
一時的に欲求を満たすだけに何かを購入するということもある。
あなたたちは、そのモノに価値を置いていない。
すべてのモノにはね、それぞれの価値があるんだ。

Q　なるほど。それに、貯金を降ろすときに恐怖を覚えちゃダメなんですね。

地底人　恐怖を覚えたらダメだということじゃない。ただ、それを選ぶか、選ばないか、というだけ。

Q　たまに貯金も増えていけばいいのですが、減る一方だったのでそう思ってしまったわけです。

地底人　じゃあ、なぜあなたはお金が欲しいの？

Q　欲しいというか、まずは、もともとあった額まで戻したいですね。

地底人　それなら簡単よ。なぜならば、あなたは、そこの周波数に一度はいたわけだから。あなたは、その頃はこんなことを意識していなかった。

Q　そう。ぜんぜん意識していませんでした！

地底人　でも、あなたは貯金が減ることによって、そこへ意識を強めてしまった。

Q　おっしゃる通りです。

遣ったお金は、あなたの血となり肉となる

地底人　でも、さっきも言ったけれども、お金とは、遣った分だけあなたの価値を上げているのよ。

遣った分だけ、あなたの中に入っているのだから。

お金はあなたの血となり肉となったのよ。

それなのに、あなたが価値を認めないからこそ、
メーターだけがどんどん減っていくの。

Q　それは、例えば、洋服を買ったら、ステキな洋服が自分のところに来てくれた、と感

謝するようなこと？


地底人　もしあなたが、本当に自分自身を愛していたら、本当に自分に着せたいものだけ買うはず。バーゲンセールで適当なモノなど買わないはず。

そんなものは、すぐに捨ててしまったりするだけ。

本当なら、あなたは自分の価値に見合ったものだけを手に入れればいい。

Q　お金がなくなると、逆に「安いもの買わなきゃ」となり、バーゲン品とか買って失敗したりしますからね。

地底人　自分に価値を見出さなきゃ。

そしてお金で買ったものを通して、自分を愛しているということを認識するの。

自分のためにお金を遣ったんだから。

Q　本当に欲しいモノだけしか買っちゃダメですね。安さに飛びつくとかじゃなくて。

地底人　そんな買い方をするから、あなたたちは自分の今いる位置がわからなくなる。
何が必要で、何が必要じゃないか、ということをね。
もし、経済のシステムが崩壊しそうになるなら、あなたたちは、
不安になって家の中に食べ物や生活用品を欲張ってぎっしりと詰め込もうとするはず。
お金についても同じ。あなたたちは不安だから余計にお金を持ちたがる。
必要なものは入ってくるって言ったでしょ？

Q　メーターはもう減らないんだ、と信じて不安になっちゃダメなんですね。

地底人　遣った分だけ減ったと思っているの？　減ってないでしょ？

Q　そうか、他のモノに変わったということですね。

地底人　そして、もし、誰かのためにお金を遣ったのなら、それは誰かの価値を上げたことになる。

それだけ、あなたの余裕があるということなの。他の人に何かをしてあげられたということ。

他の人のためにお金を遣うときは、その人がしてくれたことへの感謝や、その人からなされた仕事の報酬としてお金を遣うでしょ。

このとき、お金は、ただ、右から左に移動しているだけ。

あなたたちは、それを理解できていない。

だから、自分にはこれだけしか残っていないという考えになる。

お金は遣えば遣った分だけ、その人に、そして自分に価値を与えているということになるの。

Q　「お金を与えれば戻ってくる」というのは、そういう考え方なんですね。

地底人　でもみみっちく与えれば、みみっちいものが戻ってくる。

同じだけの貧しいエネルギーが戻ってくる。

反対に、喜んで渡せば、それはそのまま戻ってくる。

でも、**受け取っても認識できていなければ、そこには存在していないことになってしまう。その場合、たとえある価値を受け取っていても、受け取っていない状態になってしまう。**

このようにして、自分自身の価値を落としていき、負のスパイラルが生まれるの。

Q　親戚付き合いで、入学、卒業、結婚だのとイベントも多くて御祝儀を包むことが多いんですよ。

そうすると、喜んでお祝いを渡したい気持ちはあるんだけれども、イベントが続くと、「あー、出費が痛い」ってなっちゃうんですよね。

地底人　でも、あなたにお金を渡される方はなんにも考えていないでしょ？

Ｑ　そう。まったく、なんにも考えていないですね！

地底人　そして、あなたの方はお金が消えていくことに苦しむでしょ。
なぜ彼らは、なんにも考えていないのにお金が入ってくるのかわかる？
それは、彼らは自分自身の価値を知っているから。
自分たちは存在するだけで価値があるということを知っているのよ。

Ｑ　ここでもみみっちく渡していると、別のところから同じものが戻ってくるんですね。

地底人　そうよ！
でも、もし、あなたがみみっちい気持ちで渡すなら、もらう方も同じ思いを一緒に受け取ってしまうの。

Q　それはまずいですね。

地底人　だいたいね、本当ならお祝いなんだから喜ばなきゃ。うれしいんでしょ。
もし、うれしくないなら、あげなくていいから。
そんな風に御祝儀をあげる習慣は誰がつくったの？

Q　人間界でつくりました。

地底人　人間界って何？

Q　人間たち、というか日本人の習慣ですね。

地底人　そうじゃない！　あなたがつくったんだ！

Q　そうでした。一人の子にお祝いをすれば、皆にしなくてはいけないから、というルールみたいになってしまって。

地底人　そのルールを変えられるのは、あなたしかいないんだ。

Q　心から喜んであげられるからこそ、その気前の良さでメーターがもとに戻ってくるんですよね。

地底人　他者を喜べないなら、あなたは自分自身のことも喜べないということ。
そして、戻ってくるということをいちいち考えなくていい！
ただ、喜んで遣えばいい。
自分自身のため、奉仕のために遣うのであれば、必ずいつかきちんと還元されるから。
人に何かを与えるということは、その人自身の価値も上がるのだから。

見返りを**求める**なら、最初から与えないで

Q　「与えたら戻ってくる」という豊かさのルールをヘタに知ることによって、どこかで戻ってくるはず、と〝狙ったら〟その時点でもうダメなんですね。

地底人　自然に喜びを感じられないのならダメ。見返りを求めるなら、自然に喜びを感じられていないことになる。そして、たとえ、見返りがその後、どこかから戻ってきても、自分ではそのことを認識できていないでしょ？

Q　はい。たぶん、わからない。

地底人　とにかく、見返りを求めるなら、最初から与えないで！

お金をあげることで、その人に価値があることを認め、共に喜ぶことで彼らの意識も変わっていく。

あなたの方も、それを心から喜びの感情で行えることで、初めて本来の形のエネルギーが移動する。

もし、義務感でやるのなら、同じ額のお金が移動しても、ただネガティブな思いに乗ってお金が移動しているだけ。

Q　さらに人間臭いことを言ってしまうと、そうやってお祝い金をあげても、渡された方も大して喜ばないというか、「もらって当然」みたいな感じで。こちらとしては、感謝して欲しかったな、みたいな思いさえ持ってしまうという。

地底人　そこも、期待するからよ。期待しなければ戻ってくるのに。

そして、「じゃあ、期待しなければいいのか」という意識を持つことで、よけいに自分の中にブロックをかけることにもなってしまう。

「期待してはいけない」「感謝しなくてはいけない」「自分はとるに足らないもの」……。

そうやって、自分の価値をどんどん下げてしまう。

本来なら、そうなるべきじゃないでしょ。

あなたが喜びたいときに喜べばいい。

あなたが選びたいものを選べばいい。

それが素直にできていないからこそ、義務感の中で行動を起こしてしまう。

Q　義務感とか習慣だから、という意識から離れないといけないですね。

地底人　誰がその意識の中に入ったのよ？

Ｑ　自分です。

地底人　じゃあ、そこから出るのは誰？

Ｑ　自分です。

Ｑ２　でも、そうはいっても簡単には出られないんだよね。

Ｑ　私は、もうそこにいたらメーターが減り続けるので出させていただきます（笑）。
出るしかないんです。

地底人　あなたが、「あげなきゃ」と思った時点で、もう苦しくなる。そして、貧しくなる。

喜びの中で行えば、あなたは富を得る。豊かさを得はじめる。

Q　それがメーターを減らしていた大きな原因になっていたんですね。よくわかりました。豊かさのルールの考え方の〝枠〟だけ自分の中に入っていたということですね。

〝ワクワク〟にしてもそうなのかもしれない。100%のうち、純粋なワクワクもあるけれども、何%かは義務感でもやっているから。

自分の仕事に惚れられる？

地底人　あなたは、自分の仕事を楽しいと思える？　誰かに自慢したいと思える？

Q　楽しいと思えても、自慢したいとまでは思わないですね。

地底人　じゃあ、人にまでは自慢しなくても、自分がした仕事を振り返って、その仕事にほれぼれする？

Q　そこまでは、ないですね。

それに、もともと日本人は自慢するというよりも謙遜するマインドだと思います。


地底人　**あのね、自分の仕事にほれぼれできなきゃダメなのよ！**

自分が自分を認めるから他の人が認めてくれるんだから。

すべては〝鏡〟の関係だから。

そして、あなたが自分の力を出しきるためには、あなたが自分に惚れなきゃ！

そこでやっと、最高の仕事ができるのよ。

楽しいだけでもダメ。あなたは、ワクワクしても、自分を認めていないのよ。

Q　そうなんだ……。確かに「自分を何かと貶《おとし》める」自虐キャラではありますが。

地底人　それに、もしあなたが楽しんでいないのなら、一緒に働く人たちも楽しめない。

そして、提供されるサービスや仕事も、その程度のものになる。

自分が惚れるほどに、思い切り楽しまなきゃ！

Ｑ２　まあでも、現実的には必ずしもやりたいことが、その人の職業になっていないこともありますよね。つまり、自分にとって楽しいと思えることが仕事になっていない人もいる。
そんな場合は、多少、義務感で働かざるを得ない状況の人でも、
例えば、「今日は一日頑張ったし、満足のいく日だった」と自分で満足できれば、
それはそれでもうヨシとすべきですよね。一応、充実感はあるのだから。

地底人　義務感の中でやってやり抜いたのなら、やっぱりそれは、その程度でしかない。

Ｑ２　でも、もしその程度でも、自分が納得すればその人は不幸じゃないということになりますよね？

地底人　そんな状態で、本当に満足するかしら？

一人ひとり、与えられたポジションも違うし、満足度も違う。

それに、もし、自分の中にこれは向いていない、という思いが少しでもあるなら、すぐにでもそこから退席すべきだ。

それはあなたのやることじゃないのだから。

Q　でも、今月のお給料を持って帰らないと家族を養えないという状況の人も現実にはいます。
多少は苦しくても、自分の中で折り合いをつけて「人生とはこんなものなんだ」と思っている人もいるかもしれない。


地底人　あのね、一人ひとりが創造主なの。

「人生がこんなものなんだ」って思ってしまえば、そんな人生を経験してしまうのよ。

だから、目覚めなきゃダメなのよ。本当にそれでいいの?

Q　そうか。「人生はこんなもの」と思えば、「こんなもの」が叶ってしまうと。

地底人　そう。だから一人ひとりの願いはすでに叶っているのよ！
あなたたちのこの世界の捉え方によって、すべてが叶っている！
そして、あとは、それをヨシとするかそうでないか、ということだけ。
あなたたちは社会に合わせようとするけれども、本来ならあなたが創造主なんだから。

Q　ある人が、家族を養わなければと辛い環境で働いているなら、
その人は、その小宇宙を自分からつくり上げてしまったということなんですね。
そして、私も預金残高のメーターが減る小宇宙をつくり上げてしまった。

地底人　それぞれが経験したいものは、すべて与えられているの。
これが一般常識だと思えば、それが常識になる。
でも、それがすべてというわけでもない。

それに、この世はうつろいやすいから、
何ひとつとして固定されているものなんかない。
でも、執着や固定概念が自分の世界を形成している。

Q　そうなんですね。

第4章
インナーアースとの対話……
ワンネス、そして願望実現

究極の**ネガティブを体験**するから、次のステップへ

Q2　それでは、ここで、ちょっと違う質問をいいでしょうか。
人間という存在は長い時の中で進化しているものだと思っています。
例えば今は、インナーアースさんのような高い次元に近づくプロセス上にあるとも思うのですが、
我々人間はどのような進化のレベルにいて、今後、どのような変化を遂げようとしているのかなと。

というのも、今、実際に我々の現実の社会も激変しているわけですよ。

終身雇用も崩れ、正規雇用から派遣の形が増えるとワーキングプアの人も増えて、二極分化が進みつつある。

つまり、これまでなんとかやっていたサラリーマンたちも今は大変な状況になっていたりする。そして、違う生き方を見つけなければならないような経済的な苦境に陥ったりしている。

そんな状況になるのも、人間の進化に必要なプロセスのひとつといえるわけですか？

地底人　そう。究極のネガティブを経験すれば、そこから離れようとするから。

そして、**選択肢がひとつしかないと思っている人ほど、とことんそれを味わうことになる。**

「こんな状況、もうたくさん！」と思ったときに、やっと選択肢がもうひとつ増えるの。

もう、これを経験したくない、と思ったときに手を離すからよ。

そのとき、すべてが自分であることが認識できるの。

Q　「すべてが自分であることがわかる」というのはワンネスみたいなこと？
　そういう概念って、今ひとつ実感できないのですが。

地底人　それは、あなたが思考で理解しようとするからよ。
　それに、すべてのことは言葉では表現できないもの。
　言葉で表現できることには、限界がある。
　それに言葉はその人によって受け取り方も違う。
　本当の叡智というものは、誰も表現することができないものなんだから。
　概要だけを真実だと思っていると、その本質に入っていけない。

自分のアイデンティティをはずすと、**ワンネス**を体験できる

Q　なるほど。ワンネスは、自分で体験するしかないんですよね。

地底人　そう。感じるしかない。

Q　それは、どうしたら体験できますか?

**地底人　自分のアイデンティティをひとつ手放していけばいい。
それは、自分の役職や会社名などの地位、ステイタス、**

○○という人物の夫や妻、○○という子供の親などのアイデンティティ。
あなたたちは、〝個〟という意識があるからこそ、自分を守るために闘う。

あなたが一人の人間だとして、そして、ひとつの宇宙があるとする。

そうすると、あなたは、ただひとつの細胞でしかない。

Q　アイデンティティをはずしていくと、自分というものがなくなるから、周囲に溶けていき、ワンネスになる、ということですか？

地底人　あなたは宇宙そのものであり、そして、その一部でもある。これは、他の人たちも同じこと。

例えば今、あなたとあなたの隣にいる人との間には空間があるでしょ。

でもその空間は、それぞれの存在を分けているものじゃない。

実際には、そこにある空間も、目に見えない状態ではすべてとつながっている。

それぞれの個別の存在同士もひとつにつながっている。

あなたたちは、ひとつひとつの宇宙の細胞なんだから。

Q　うーん。わかるような、わからないような。

地底人　いい？　それでは、別のいい方で説明するわ。

あなたの身体の中にある大腸の細胞組織の小さな粒が口からポン！　と身体の外に飛び出してきたとする。

そして、身体の外からあなた自身の姿を見つめたとする。

そのとき、その細胞は、自分の見つめているものを、これは自分自身だって認識できないでしょ？

でも実際に、それはあなただし、あなたの一部でもある。

Q　ああ、今の説明ならわかりました。

地底人　いい？　すべてはひとつなの。
でも、あなたたちは個という認識を持つから、これは私でこれは違うとなってしまう。
そして、年齢や肌の色、宗教や民族、国の違い、社会的な地位の違いなどで、
個別のアイデンティティをつくり上げる。
髪の毛と皮膚の細胞は形成している組織が少し違うけれども、
すべてはあなたでできているんだ。

Q　その例えだと、ワンネスの概念がよくわかります。
結局、それぞれの個としてのソースは同じであり、ひとつであるということですね。

ワンネスとは？

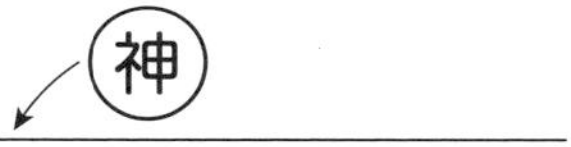

①１本の線を神だと考えます。
１本にすべてのものが存在しています。

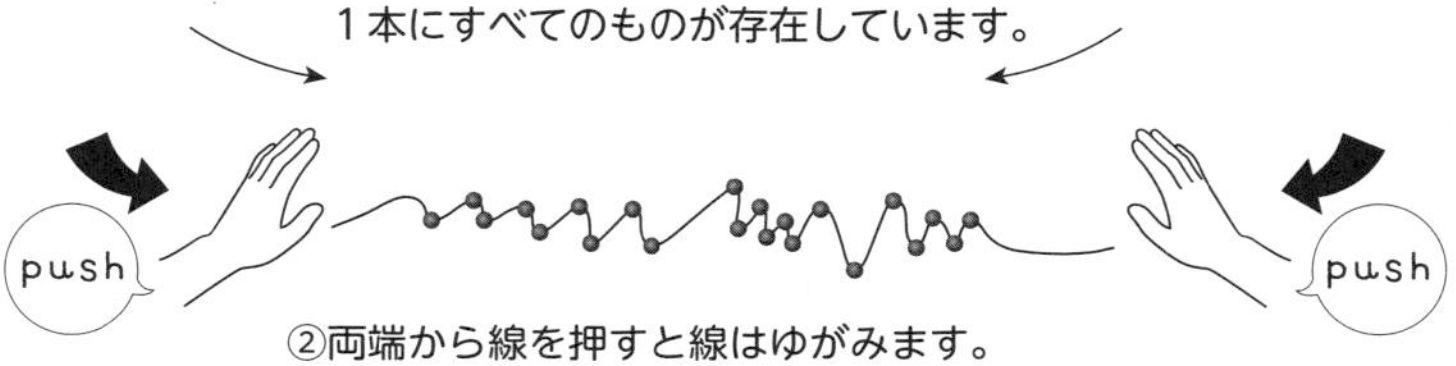

②両端から線を押すと線はゆがみます。
先端の玉が私やあなたというひとつの存在です。

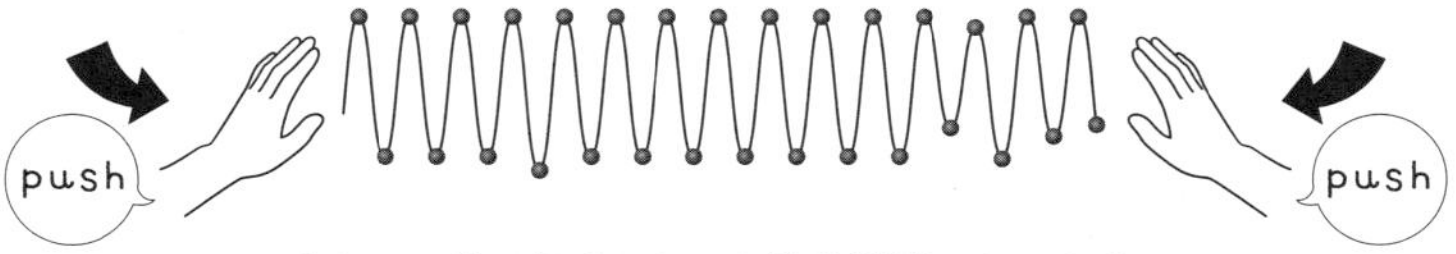

③さらに強く押すともっと蛇腹状態になります。

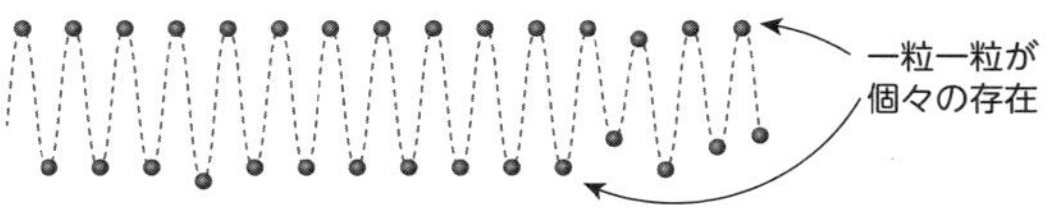

④線の部分だけ消してみると、玉だけ残ります。
つまり、個人だけ別々にたくさん存在している
ように見えますが、すべてはワンネスとして
つながっています。

常に**世界は変化**している

Q　そうすると、話を戻すとして、結局今、私たちが各々厳しい状況に直面するのも、目覚めのステージにあるということなんですね？
リストラにあったり、経済苦境に直面することも。

地底人　そう。だいたいリストラというものはね、
その人が自分でその場を去ることを決められないから
周囲が代わりに決めてくれるものともいえるのよ。
要するに、リストラされる人も周囲も内在する意識は同じなのだから。

その人にとっての居場所じゃないことを教えてくれているんだ。
でも、本人にとってみれば、そのポジションに執着をしているから、
それがリストラだという表現になる。
だから、その執着を切ってしまえばいい！

Q　本来の場所へ行くための適切な〝移動〟であるともいえるんですね。

地底人　あなたたちは変化を怖がる。でも、本来ならそうあるべきじゃない。
変化があるからこそ、進化し続けるものなのだから。
何も変化せず常に平安があるなら、進化などしない。

Q　そうすると、今、私たち人間が大きな変革の時を迎えているのなら、
これからどこへ向かおうとしているんですか？　人類のこの長い歴史の中で。

地底人　あのね、あなたたちは、すぐに何かの概念に当てはめようとする。
〝大きな変革の時〟みたいな言い方は、あなたたちが勝手につけているんだ。
常に形を変え変化することは、今にはじまったことじゃない。
どちらにしても、あなたたちに意味のあることしか行われていないのだから。
それに、今、こういった変化を体験したいから体験しているの。

Q　例えば、〝大きな変化〟と呼ばれるものには、地震などの天災なども含まれると思いますが、災害などで亡くなってしまう場合などはどうなんですか?
決して、そのような体験を望んでいるとは思えないですよね。

地底人　あのね、天災とは悲しくて辛いこと、
悪いことだとあなたたちが勝手に決めたんでしょ?
だいたいあなたたちは、執着があるから死を恐れている。
でも、すべては永遠なんだ。

あなたという**魂の長い歴史の中における経験やストーリーは、死んでも決して消えることはない。**

それは、きちんと記憶として残される。

起きることは、変化における一部の過程でしかない。

Q　そうすると、人間は、転生をする中でやはりカルマとか積んでいるんですか？

例えば、前生で人を殺したら、今回の人生ではこちらが殺される、とか。

地底人　**すべては相対的であり、すべて自作自演。**

あなたたちが、〝カルマ〟と呼んいるものさえもね。

単に、やりたい体験をやっているの。

Q　そして、そこに善悪はない、と。

地底人　あなたたちは飽きるまでそれをやり続ける。
肉体を変え、変容しながらね。
同じことを何度も何度も繰り返す。

人間は飽きるまで**転生**を繰り返す

Q　生まれ変わりは、飽きたらもう終わるんですか？

地底人　そう。

Q　それは、自分の魂レベルだけがわかることなんですか？
例えば私の場合だと、今まで86回転生していて、あと、何回生まれてくるとか魂は知っているんですか？

地底人　それ、誰が言ったの？

Q　いや、例えばの話です。でも、今の自分の意識で、あと何回生まれ変わるとかわからないものなんですかね？　私はもう、地球で人間をやるのはもういいかな、とも思っていて。

もう星に帰りたいな、みたいな。

地底人　どこの星？

Q　いや、例えばです。

地底人　それは、あなた自身が自分の中で経験したいものを経験できていないからこそ思うことなの。

「もう地球はいいや」なんてね。「地球はいいや」ということは、

もう自分がすべてをやり切ったと思えたときにそう感じるものなの。「人間なんてもうたくさん」などと思っているのなら、逆に、またここに生まれてくるわよ。

完全にやり切らないと、終わらないのだから。

Ｑ　そうか……。

地底人　あなたは体験したくてここを選び、ここに来たんだ。他の誰かに与えられたものなんかじゃない。

Ｑ２　では、そうやって、すべて満足して人間を卒業したら、次にどこへ行くのでしょうか？

地底人　その人の行きたいところへ行く。

何を経験したいかは、それぞれ違うから。

そして、あなたたちの認識している人間は、この地球だけに限るものでもない。

私たちだって同じ身体を持っている。

また地球に来る人もいるし、それに、違う星でも同じようなレベルの種族に生まれたりもする。

ただ、それだけ。そして、それも一気に大きくは変わらない。

あなたたちの周波数は一度に大きくは変えられないのだから。

あなたたちは、転生をしながら、周波数を少しずつ変えているものなの。

Q　そうすると、宇宙には地球に似たような星もあるということですね。
同じような環境で、今、ここでやっているような人間関係なんかもあって、まるで地球の並行次元のような。

地底人　そういうこと。

Q2　インナーアースさんも、人間として生きたことはあるんですか？

地底人　あるわ。でも、地球じゃないけれどね。

Q　それは、どこなんですか？

地底人　あなたに説明してもわからないわ。
そこに〝何か〟という言葉をつけることによって、
あなたたちはまたお得意のファンタジーをつくり出すでしょ？

Q　バシャールのエササニ星、みたいに。

地底人　そうしたいの？

Q　それもまたロマンがあるなと思って。

地底人　あなたたちが思っているこの世界はそんなものじゃない。シンプルなんだ。

Q　私たちの方から、地球の内部であるインナーアースへも行けるのですか？

地底人　転生を繰り返し、その周波数を上げることができればね。
でも、その転生の回数も人によって違う。
それに、あなたたちは、魂がひとつだと思っているの？

Q2　ひとつじゃないの？

地底人　違う。今、この部屋に魂はいくつある？

Q　5つ。でも、ワンネス的にいうとひとつ？

地底人　そう。すべてひとつなの。あなたの前世が今、隣にいる人かもしれないの。わかる？

時間はあなたたちがつくった単位でしょ。お金といっしょ。

自分の価値が見えないから、見える形としてお金や時間などの単位をつくった。

それに、私がどのようにしてここにいるかわかる？

Q　時間を超えてきているんですよね？

地底人　超えているんじゃない。すべては同時進行で行われているんだ。

Q　なるほど。それもよく言われることですよね。でも、わかるような、わからないような。

自分を愛することは、**罪悪感**を持たないこと

Q　そうすると、先ほど自分の周波数に合った同じような世界に行ってしまう、と言われましたが、周波数を上げていく具体的な方法はありますか？

地底人　自分を愛すること。でも、あなたたちは自分を愛したいがゆえに嫌っているけれどね。

Q　自分を愛せば、周波数も上がり、いつかは違う星へ行けると。

地底人　その考え方は安易ね。そんなに次の星に行きたいの？

もし、あなたが今そうなっても、単にめまいを起こしてしまうだけ。

今、私がこうやって話せているのも、周波数を下げているから。

周波数が違うことはストレスにしかならないのよ。

Q　では、今の自分の周波数もそこまで悪いものではないんですね。

地底人　自分たちには、適切な周波数が与えられているのに、それをわかっていないだけ。

今の世の中は生きづらいと思っているのなら、それは自分を愛していないから。

今のあなたにはちょうどいい場所が与えられていて、その選択肢は常に正しい。

Q　自分の体験することは、自分が望んだもの、とはよく言われることでもあるのですが、「え？　こんなこと望んでない」って思うこともたくさんあったりします。

地底人　それは、エゴが働いているからよ。

あなたたちは常にもっといい場所へと願う。そして、自分を下げるばかりで愛さない。

でも、自分の価値を下げているからこそ、必要なものも得られないのよ。

あの人は持っているのに、私は持っていないとなって、
どんどんみじめな自分をつくり上げる。

そして、他のところなら何かが見つかる。

ここは自分のいるべき場所じゃないんだと現実逃避してしまう。

でも、すべて自分がつくった現実なのに、そこから逃避しようとすることはムリなのよ。

Q　何度も出てくる〝自分を愛すること〟は、わかるのですが、少し漠然としています。
もう少し具体的に言うとどういうことですか？

地底人　自分に罪悪感を持たないこと。
例えば、自分から望んで急激な周波数の変動を起こしたとしても、
あなたたちは罪の意識しか持たないはず。

そして何より、他の人からの価値や評価を得ようとするのをやめること。
まずは、自分が自分を認めること。そうするから、他人があなたを認めてくれるんだ。
あなたたちは、自分の内側にいない。
自分は不在になってしまい、他人を神とする。
あなたの神はあなたの中に入っているのにね。

あなたは神に粗末なものを着せたい？
セール品や見切り品をあげたい？　あなたの身体は、神殿でもあるのに。

Q　自分も神なんですね。神棚にいるのかと思ったら。

地底人　**なぜ神棚には鏡があるのだと思った？**

Q　はい、自分を映すためですね。

悪霊も**天使**もいる

Q　それでは、別の質問です。
霊の存在とかについて訊きたいんですけれども、幽霊っているんですか？
例えば、悪霊とか存在しているんですか？

地底人　存在している。

Q　そうなんですか。子供の頃、金縛り体質だったんです。

地底人　金縛りをかけているのは、誰だと思っているの？

Q　それは、自分だったと？

地底人　いい？　あなたは、見えない存在としても存在しているの。理解できる？
さっき、身体は神殿だと言ったわよね。神殿は、いわば器ということ。
では、あなたはどこに入っている？

Q　自分という身体の器の中に入っている。

地底人　違う。あなたはすべての中にいて、すべてを自分で投影して見ているだけ。

Q　では、もし悪霊が存在しているのなら、そういうものに取り憑かれたとき、払うには
どうしたらいいんですか？

地底人　あのね、悪霊の〝悪〟というのは誰が決めたの？

それに、もしそれが悪いものだったら意識を向けないこと。

あなたたちは、すぐ言葉で何かを当てはめようとする。

いいこと？　もし悪霊だと思ったら、それは悪霊になり、あなたは悪霊を引き寄せてしまうんだ。

エネルギーとは、すべてそう思った時点で動きはじめるんだから。


一方で、神への祈りをすれば、その場で動きはじめる。

あなたがそれを信じるか、信じないか、ということだけ。

でも、あなたたちは、不安の方を経験したがるからね。

なぜかわかる？　あなたたちは、不安のない世界から来ているからよ。

アイデンティティがなければ、不安を感じることもないし、喜びもない。

それに、喜びはね、すぐには体験できないもの。

Q　だから、私たちの感情には不安や恐怖もあるというわけですね。

地底人　この世界には、彩りがあっていいのよ。

明暗もあっていい。すべては相対的なのだから。

とにかく、頭にあるものがすべてを引き寄せているということよ。

それに皮肉なもので、「考えてはいけない」と思ったら、よけいに考えてしまうもの。


さらに都合のいいことに、あなたたちは見えないものの中で見たいものだけを認識したいと思っている。例えば、悪霊は忌まわしいもので遭遇したくないといいながら、天使や神、守護霊やガイドには会いたい、彼らの姿は見たい、とかね。

でも、あらゆるものがエネルギー体として存在しているのは事実。

この世界には、いいものだけがあるわけじゃない。

その中で、あなたというアンテナが何を受信するかはあなた次第。

だから、自分が常に守られているという認識を持てば、
悪いエネルギーなんか憑かない。
そしてそれは、あなたは自分を愛しているかどうか、という問いに戻ってくる。

Q　すべては、そこへ戻るわけですね。

地底人　何よりも、まず、そこがクリアならば、
ネガティブな考えなどは自分の中に取り込まないはず。
もし、恐怖を感じたら、恐怖の波に呑み込まれてしまうからこそ、暗黒の世界に引きずり込まれる。
あなたはどっちがいいかしら？　守られている方と、そうじゃない方と。

Q　もちろん、守られる方。

地底人　言っておくけれど、実際にあなたを守っているのもあなた自身なの。
すべては何を選択するかということ。ツキがある人は、常にラッキーでしょ？
そして、ツイていない人は、**とことんドン底まで落ちていく。**
それは、周波数が同じレベルのものを引き寄せてしまうから。
なぜならば、〝同調したもの〟を与えたいと思っている主がいるからね。
あなたがいる世界は、あなたがつくっているんだ。

あなたは、創造主なんだ。
でも、いったん、自分が創造主だと思うと、
すべての責任を担わなければならないとも思い込んでいる。
だから、外側に神をつくることによって、そこに責任を負わせようとする。

Q　そうすると、天使なども自分がいると信じればいるということ？

地底人　そう。でもそれは、いってみれば、あなたが形を変えて、
そういった存在をつくり出すということ。
言ったでしょ？　あなたは神殿だけれども、
その中にいない。あなたはすべてに存在しているって。

Q　創造主だからこそ、良いモノも悪いモノもつくってしまうんですね。
そういう意味では、気を付けないと。

地底人　その通りよ！　何を経験したいかはあなたが選ぶんだから。
それなのに、ネガティブな状況に直面すると、あなたたちはすぐに人のせい、
社会や世の中のせいにする。
誰かの責任にしているうちは、まだ他者が神であるということを理解すべき。
もし、自分で決断できずに、ある人からの影響ばかりを受けるなら、その人が神に
なってしまう。

また、社会が、一般常識が神になってしまう。
あなたが自分の神の権利を、他者に譲ってしまうことになる。
そして、どんなにこれを説明したところで、私はあなたの神ではないんだから。

自分で努力するのも、神様に頼むのも自由

Q　なるほど。そうすると、例えば、神社や教会などにいろいろな神が祀られていて、人々は祈願に訪れますよね。

私たちは、そこに祀られているそれぞれの神に会いに行くわけですが、すべてのものに自分も存在しているのなら、それは自分に会いに行くということでもあるんですか？

地底人　そう。**あなたは有限の肉体を持った自分という神であり、無限の状態である神としても存在し続けている。**

無限ということは、無数の神々の中にも存在しているということでもある。

だから、あなたが神の御前で祈り、
願い事を託すのなら、願いを託された神もあなた自身なんだ。
そして、その願いが本当に叶う、具現化するかどうかは信仰心の強さ次第。
あなたたちは、自分の力では何もできないものなの。
けれども、神に頼むことによって、あなたは初めて無限の力を使いはじめる。

でも、「神なんていない！」「そんなもの信じない」となってしまうと、
あなたは有限の身体をもった神、
つまり自分一人だけでそのことを成し遂げなければならない。
無限の状態でも、有限の状態でも、そのどっちを使うかはあなたの自由。

Q

そうすると、神頼みをしてもいいということなんですね!?

地底人　いけないの？

Q　いや、神様に助けてもらえればありがたいですよ。

地底人　でも、それには、あなたの深い信仰心が必要なの。それは、信じるという意識のこと。

あなたたちは、見えるものしか信じないから、神頼みをしながらも、
心の奥ではどこかでそんなことはあり得ないと思っている。

だって、神頼みが実際に効いたら困るんですもの。

それまでの自分の努力はどうなるの？　ってことになるから。

あなたたちは、なんだかんだいって、自分で動きたがるのよ。

でも、すべてはオートマチックに動いているの。

Q　では、神頼みをするときも、本気で叶うんだと強く信じればいいんですね。

地底人　あなたはだあれ？

Q　神です。

地底人　じゃあ、神頼みがいけないの？　してもいいでしょ。
有限の肉体を持ったあなたが、手足を動かしてそれをなんとか自分の力で叶えるのか、無限の状態から有限の肉体を通してその願いを叶えさせるのか、それは、どちらでもいい。

Q　絶対に後者の方がいいです。

地底人　それは、あなたの自由。
でも、あなたたちは、見えないものは存在しないと思っているから、完全に神に託すことができないのよ。
それに、信じているつもりでも、心のどこかで「叶うはずがない」ってね。
こうして、あなたはいつまでたっても自分で許可を出さない。

でも、その許可が出るまで、〝無限のあなた〟の方は待ち続けている。
あなたが許可を出せないのは、自分にはその価値がないと思っているから。
ギフトは玄関まで届いているのにね。
でも、あなたが玄関の扉を開けない。
もし、その扉を開けたいなら、すべてを託さなくちゃ。信じなきゃ。

Q　それは、いいニュースですね。

地底人　あなた、これまでいったい何を訊いてきたの？　最初に言ったでしょ？
いい？　すべてのものは与えられるの。必要なものはね。

Q

自分の力だけで願い事を叶えようと努力して頑張ると自分を追い込みがちですが、無限の自分が叶えてくれると信じればそれが叶うなんて、素晴らしいです。

これからは、願いは強く祈れば叶うと信じないと！

町田真知子の幸せになれるコラム①

「神様に願いを叶えてもらう方法教えます」

「初詣に良縁祈願のお願いをしてきたのに、今年もご縁がなかった！」

「金運のご利益で有名な神社にお参りしたのに、全然効果がなかった！」

あなたも、そんなグチをこぼしたことはありませんか？

神社仏閣に自分の願いを託してお参りしたのに、その願い事が叶わなかった、ということを経験したことがある人は多いはずです。

でも、一方できちんと願いが叶う人もいるのです。

その違いはどこにあるのでしょうか？


私が知る限り、神社仏閣には、きちんとそこに祀られている神様・仏様は存在しています。

でも、私が常々申し上げているように、私たちも同じように神の化身なのです。

また、神仏はエネルギー体であり、私たちもエネルギー体です。

だから本来ならば、エネルギー体である私たちが何か願い事をするなら、それは同じエネルギーとしての存在でもある神仏に届くはずなのです。

例えば、ある女性が「今付き合っている大好きな彼と結婚できますように」と神仏の前で願い事をするとしたら、もう祈った時点でその願いは叶えられるのです。

もう少し詳しく言うならば、願い事をした時点で、神様はあなたのその願いを叶えるための道筋をすでにつくってくれているのです。

ところが、願い事をした本人が、参拝の帰り道などに「やっぱり、5円玉のお賽銭じゃムリよね」とか「願いが叶うなんてことは、実際には難しいだろうな」などと、神様を疑うこのような思いが、願い事の成就を妨げてしまっているのです。

さらには、「この神様だけでは不安だから、別の神様も拝んでおかなきゃ」などといった、他の神仏にもお参りをする人もいますが、願い事は、あっちの神様、こっちの神様とたくさんの神仏にお願いすればいいというものでもないのです。

それはまるで、この神様がダメだったら他の神様でカバーするから大丈夫、などと保険をかけるようなものなのです。もしくは、神様に対する二股、三股をかけるようなものです。

このような行為は、最初に祈願した神様のことは信頼していないということを意味しているのと同じなのです。

だからこそ、もし、あなたが本当に願い事を叶えたいのならば、祈願した神仏を完全に信頼し、すべてを託すことが大切です。

何しろ神様は、あなたの願いを一旦預かると、それをあなたのために実現しようと動いてくれるのですから。

けれども、そこにほんの1％でも疑う気持ちがあるならば、神様の方は「おや？　この願いは叶えなくてもいいんだね？」と思ってしまうのです。

とはいっても、「本当にこの願いが叶うのかしら？」と思ってしまうのがやはり人間というものです。

そこで私は、お参りの際に疑う気持ちを持たずにすむ方法を皆さんにおすすめしています。

それは、ご祈願のお参りをすでにお礼参りと捉える参拝の仕方です。

つまり、お参りをする際に、「○○が叶いますように。○○をお願い致します」と神様に伝えるのではなく、「○○をいただきました。ありがとうございます」と感謝から先に伝えるのです。

基本的に、神の世界は時間というものが存在していません。だから、あなたが「○○になりました」と宣言することで、それはそのまま現実になるのです。

よく願望実現のコーチングなどでも、願い事をするときには、「○○になりたい」ではなく「○○になっている」という現在完了で自分に言い聞かせるようにという教えがありますが、それと同じ考え方です。

また、神様は願い事をするあなたの真剣さもきちんと見ています。

あるとき、私はある寺院に参拝した際に、ある願い事をしたことがありました。

するとそのとき、その寺院に祀られている仏様の声が聞こえてきました。

それは、「あなたは、ここの宗派に入る覚悟があるのか？」という問いかけでした。

実際には、「自分たちが使っている言語（お経としての彼らの言葉）をあなたも使うことで私とつながるのなら、その手綱をぐっと引いて上げるよ」というような表現で語りかけてきたのです。

それはつまり、願いを叶えたいのならば、ここの宗派の一員になれるか、という覚悟の確認でもありました。

私はクリスチャンなので、その宗派に改宗するまでの覚悟はありませんでした。

このように、神様仏様は、私たちがどこまでその願い事にコミットできるのか、ということまでしっかりとテストされるのです。


その覚悟はまた、お賽銭の額やいくら祈祷料を包むかということにも表れるでしょう。

実際には、神様は、お金などは求めていません。

けれども、5円と1万円の違いには、そこにあなたの覚悟が表れています。

また、年収が200万円の人の1万円と年収1億円の人の1万円では、その額に対する真剣度も違ってくるでしょう。


見えないものを叶えようとするときに、あなたの真剣さや覚悟の気持ちがお金というエネルギーを介して相手にそのまま伝わるものなのです。

だから、無料だからいい、また、安ければすべていい、というわけでもないのです。

ときには、無料や安い金額ということで受け取るものの価値を下げてしまうこともあるのです。もちろん、逆に高ければいいという問題でもありません。

基本的には、〝見えないこと〟に対する金額の問題においては、サービスを提供する側と受け取る側のパワーバランスが崩れないことがベストです。

つまり、依頼主の真剣さに見合うサービスがきちんと与えられることで、双方がお互いに満足できる関係がお金というエネルギーを介して生まれることが理想なのです。

もしあなたがヒーラーやサイキックを選ぶときは、金額よりもまずはその人なりをきちんと観察してみてください。自分を大きく見せようとする人、大口をたたく人は、自分に自信がない人です。提示される金額に見合うサービスは受けられない可能性があると考えた方がいいかもしれません。

もちろん、彼らのもとへ行かずに自分ですべてを解決できるのがベストです。

そのためにも、まずは、神様への正しい祈り方からはじめてみるのはいかがでしょうか?

第5章
インナーアースとの対話……
生と死・健康

亡くなった人とコンタクトを取る方法

Q　ところで、先ほど霊の話になりましたが、それでは、亡くなった人とコンタクトは取れますか？

地底人　**取れる。亡くなった人は誰？**

Q　私の祖母とか……。

地底人　**そうじゃない。転生の中で亡くなったのは誰？**

Q　ワンネスの考え方でいうなら、私？

地底人　そう。

亡くなった人のアイデンティティと自分は個別のものだと思っていると思うけれど、コンタクトを取りたいということは、亡くなった人は、あなたの心の中に存在しているということでもある。

だから、コンタクトはいくらでも取れる。

だって、あなたの中にその人は存在しているんだもの。

Q　じゃあ、亡くなった祖母と会話を心の中でしていれば、それがもうコンタクトをしている、ということになるわけですね？

地底人　そう。でも、あなたがそれを少しでも疑えば、すべてが無になる。

それに、こういうことを言っても、
あなたたちは、そのことの確証もないから
「本当かな？」と思ってしまう。
そして、それを自分ではない誰かに託すでしょ？

当たるサイキックは、あなたが信じているから

Q

そうです。例えば、その道のプロといわれている霊能者やサイキックなんかに託しますよね。

すると、リーディングなんかで、例えば、「３番目の引き出しに隠していた○○が入っているはず」なんていう、

質問する本人も知らないことを言われたりすることもありますよね。

そういうことが、自分の心の中での亡くなった人との対話では出てこないのはどうしてですか？

地底人　なぜ彼らがそんなことを言えると思う？
彼らは自分たちのアイデンティティを捨てて、そのことを客観視ができるの。
けれども、あなたたちはそのことを客観視できないし、
何より、**自分ではそんな能力はないと思っている。**
でも、できると信じると、それは可能になる。
要するに、あなたの信念がそのサイキックの能力をもつくり上げるんだ！
反対に、あなたがそのサイキックをいかがわしい存在だと思えば、
その人は、その瞬間からいかがわしい人になり、あなたに必要な情報をくれない。

こうやって、あなたは、自分ができない、と思っていることをすぐに他者にゆだねる。
そして、他者から与えてもらっている。
いい？　すべてはあなたがつくった世界なの。

Q　例えば、Aというサイキックがいます。そして、BとCというクライアントがいます。でも、BはAさんのことをすごく当たると言い、Cはぜんぜん当たらない、と言う。その場合、Bはそのサイキックを信じていて、Cはまったく信じていないから、ということになりますか？
つまり、Bには引き出しの中に隠していたモノの話をしてくれるけれども、Cにはしてくれない、と。


地底人　そういうこと。

そして、Bは自分を愛し、Cは自分を愛していないということ。

それに、Cの場合は、その引き出しの中のモノが見つかったら困るという意識がどこかにあるのよ。

Q　なるほどね……。

占いやサイキックは信じることで当たりやすくなる

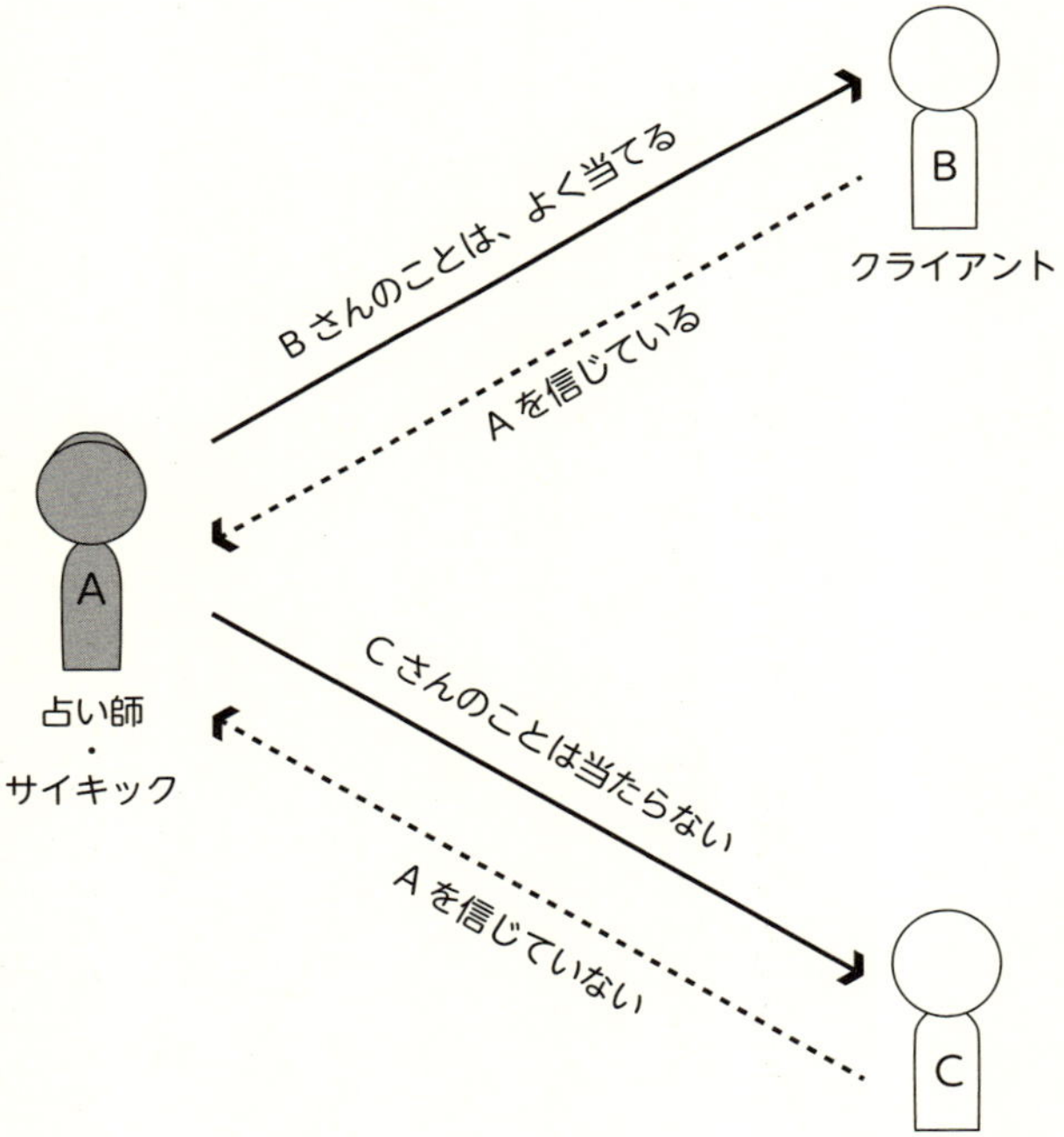

地底人　Ｃは信じたくないのよ。他者はすべて自分自身。

あなたが自分を愛し、信じはじめれば、すべてがいい方向に働きはじめる。

一方で、すべてが敵だと思ったら、すべてが敵に変わる。

もし、あなたに嫌いな人が多いのなら、あなたの内在意識に許可をしていないということ。

Ｑ　じゃあ、このＢもＣもサイキックとしてのＡを頼っているわけですが、自分を信じれば、自分たちでもできるというわけですね？

地底人　そう。でも、そこにはエゴが入るから難しくなる。

それは例えば、「僕は、サイキックじゃないからそんなことはできない」みたいなこと。

でも、そんな既成概念を取り払えば、より直感的になれる。

直感的になれば、コンタクトを取りたい亡くなった人の意識だって入ってくる。

あなたたちの回路はひとつなんだ。
すべて、ひとつのところから派生しているから。
これらの情報は皆で共有しているの。
でも、あなたたちは、各々のアイデンティティを守るために、
それをブロックしている。

Q

なるほど、よくわかりました。
回路を開けば、亡くなった人との会話もより想像でなくリアルなものになるし、
直感的なアイディアもわいてくるんですね。

ユニバーサルラブが基本のインナーアースの世界

Ｑ２　それでは、ちょっと他のことを訊きたいなと。
これは、もしかして答えてくれないかもしれないけれども……。

地底人　じゃあ、答えない！

Ｑ　答えてくれると信じましょう（笑）。

Ｑ２　インナーアースさんが存在する世界にも、我々人間と同じように家族、結婚、子供、仕事みたいな環境はあるんですか？

地底人　**ないと思うの？**

Q2　というか、ワンネスの概念を理解しているインナーアースさんたちには、もう我々がいるような人間の世界の環境のようなものは、悟りを得た人々にはもういらないのかと思ったんですが。

地底人　**あのね、私たちが最上級じゃないの。**

Q　高次元の人々には、〝サザエさん一家〟みたいな人間の喜怒哀楽の世界はもう必要ないようにみえます。私たちのような人間関係みたいなものもあるんですか？

地底人　**ある。でも、あなたたちと同じようなものではない。**

Q　やっぱり、気の合う人とか気の合わない人とかいたりするんですか？　友達がいたりとか。

地底人　あなた！　私が独りぼっちだと思っているの？

Q　いやいや。そんなことないです。

地底人　集合意識はすべてつながっている。
だから、私たちの世界にも仕事や職業のようなものはあるけれども、
でも、あなたたちのものとは違う。
例えば私は、このように地球や他の星を管轄している。
でも、そうじゃない人たちもいる。

Q　きたきた。

地底人　何がきたの？

Q　そういう話が聞きたかったな、と思って。

「他の星も管轄している」みたいなインナーアースさんの情報。

地底人　まず、家庭についていえば、私たちの世界にも出産というものはある。

そして、家族も存在している。でも、これも、あなたたちと同じものではない。

あなたたちは、自分の家族を個としてみるでしょ。

つまり、自分たちだけの家族、という考え方。

家族として、自分の子供だけを守ろうとする。

でも、私たちの世界では、子供は皆の子供という風に考えている。

Q　いわゆる普遍的な愛があるんですね。

Q2　たぶん、僕たちがまだまだ高い次元に行けないのは、そのような感覚が欠如しているからだと思うんだけれども、それでも結局、僕たちは自分たちの子供、家族、というようなところも楽しんでいるんだよね。

地底人　そう。あなたたちは、楽しんでいるのよ。
でも、そのうち飽きれば、こっちに来るわよ。
ただし、肉体を持ったあなたたちの価値観からすると、今のような世界はまだ長く続くかもしれない。

Q2　そうすると、今の私たちの世界の親子関係みたいなものは、やがて失われるんでしょうか？

すると、自分の子供を愛するというような感覚がなくなってしまうのではと思ったりもして。

地底人　**まず、実際の親子関係は失われることはない。**
それに、誰かが子供を産めば、私たちは同じ家族として喜ぶ。

Q　〝人類皆兄妹〟みたいな感覚ですね。

地底人　**自分の子だけにこれをしてあげたい、という感覚ではないから。**
どの子も自分の子供だ。皆、同じだけ愛しいの。
あなたたちは、自分の子だけ可愛い、というけれどもね。

Q　人間と違って、ユニバーサルラブの世界なんですね。

地底人　そして、私たちはそれぞれの役割を担っている。
それぞれが自分の適材適所を知っているの。
子供を育てる能力の高い人は、自分の子供だけでなく皆の子供を育てたりとかね。

Q　一人ひとりがミッションを知っているというのは素晴らしいですね。

地底人　でもあなたたちだって、私たちのように変化しようとしている。

Q　ちなみに、インナーアースさんたちの世界では、誰もがもう生まれたときから、
自分の人生の目的をわかっているんですか?
例えば、自分は教えることに向いているから教師になろうとか。

地底人　あなたたちだって、本当はわかっているのよ。
でも、生まれたときからすべてのことを知る必要はないでしょ。

それまでのプロセスを楽しまなくちゃ。

Q　そうか。楽しみながら少しずつ生きる目的を知るのですね。

地底人　もし人生の進むべきレールがすべて一度にわかってしまったら、つまらないでしょ。

だから、喜びと愛を持って、それを見つけるのよ！

すべてを知ろうとするのは、あなたたちが不安だからこそ。

それに、何かとすぐ結果を求めるけれども、その過程が大切なんだから。

あなたたちは、**結果を出そうとするから、その瞬間、瞬間が輝いていない。**

逆に、この瞬間が楽しければ、すべてが結果になる。

Q　なるほど。やはりここでも、瞬間に生きることなんですね。
ところで、さっき、ちらっと他の星も担当しているとおっしゃいましたが、
どんな星とか教えてもらえますか？

地底人　必要ないわ！

Ｑ　例えば、地球との進化の違いとか。
その星は地球に比べてまだ進化の途中にあるとか。

地底人　その星の進化が遅いなら、それで優越感を得ようというの？

Ｑ　いや、そういうわけではないです。
星の種類の違いみたいなものとかあればと。

地底人　あのね、他の星といっても、ひとつだけじゃないんだから。

Ｑ　他の星の生命体も、同じようにこうしてアドバイスをしていらっしゃるんですか？

地底人　全部が同じ形で行われているわけじゃない。

でも、こんなことを言いはじめると、またいつもの知識欲が出て、もっと、もっと知ろうとする。

でも、そんなことを知っても何の意味もない。逆に、いらない情報は排除しなきゃ。

あなたたちは、すでに今の時点で、もう整理できなくなっているんじゃない？

それに、認識しようとしても、残念ながらその脳では理解できないから！

Q　すみません、頭が悪くて。
でも、人間の良さっていろいろなことを学ぶこと、つまり、知識を得ることだと思うんですよ。

地底人　知識欲というものは、必要よ。
でも、好奇心から知識欲を満たしても、実行に移さなければ、ただの空想でしかない。

だから最初に言ったでしょ。ファンタジーを見たければ映画館へ行けと。

あなたはそこでは、いろいろなストーリーを選べる。

そして、そこでは、さまざまな人々が情報を受信して作品として描いているものが見られる。

だから、この私から得る必要はない。

それに、あなたたちはそれらの作品から情報をすでに得ているのに、得ていないと言っている。

あれはただのフィクションだと信じてね。

Q　例えば、未来の地球とパンドラという星を描いた『アバター』という映画が数年前に流行りました。
この映画なども、そういう真実の情報を受信してつくられたものなんですか？

地底人　固有名詞を出す必要はない。

あなたがそこに価値を見出したときに、それは真実になるのだから。
そして、心に響くものも皆同じじゃない。
それぞれ、立場やポジションが違うからね。
それに、私がそれを「そうだ」と言ってしまえば、そうなってしまう。
あなたが自分で感じて、そこに価値があるものなら、それは価値があることになる。
あなたには、必要な情報しか与えられていない、って言ったでしょ?

Q　じゃあ、「こういう世界はある」と思えばそれでいいわけですね。
そして、「それはある」ということになる。

地底人　たくさんの人がそれを見て、気づきを得られるのならそれでいいでしょ?

Q　はい。あえて「真実よ」とか言う必要はないというわけですね。

地底人　これが真実と言えば、
では、これはどう？　あれはどう、という風になってしまう。
ひとつひとつ認識する必要はない。
すべては、あなたが決定権を持っているの。私じゃない。

Ｑ　わかりました。

愛情を求めるがゆえに**病気**になる

Q2　次は健康についてお訊きしたいのですが、健康を害して病気になる場合は、それは、やっぱり自分の内側の意識がつくり上げてしまっているわけですね?

地底人　そう。

Q2　ということは、意識を変えることができれば、病気も治るわけですか?
たとえそれが、手術を必要とするような大きな病気でもそれは可能?

地底人　そう。病気は治る。

自分を愛していれば、病気にもならないし、怪我もしないし、事故にも遭わない。

Q２　病気になるということは、自分が病気になっている状況をつくりたいという意識がどこかで働いているわけですか？

地底人　そういうこと。

要するに、ここでも愛情が足りないの。

子供を見ればわかるでしょ。子供は愛されたい、甘えたいときにわざと仮病をつかって母親に甘える。

病気になる人も、愛が欠乏しているということを訴えているの。

Q　例えば、病気の途中でそれに気づき、健康になろうとします。

そのときに、自分を愛する、自分を大切にするというのは具体的にどうすればいいですか？　これまでのライフスタイルを変えるとか、健康的な食生活をするとか。

地底人　とにかく、自分に甘えること。

病気は「自分自身を愛していいよ」という状況がつくられたものだから。

でも、あなたたちは、そのサインを無視して無理やり治療しようとする。

そして、病気のことを〝悪いもの〟とみなしてしまう。

せっかく自分のことを「愛していいよ」というタイミングが訪れたのにね。それを拒絶する。

そして、たとえ熱が出たり、辛い状況でも、自分をごまかして休まずに働く。

それも、心から好きではない仕事をね。

そんな風に、どんどんとストレスという名の毒を自分に盛り続けるから、病気がもっとひどくなる。

まずは、受け入れなきゃ。

その痛みが何から来ているのか。そして、痛みをじっくりと味わうの。
そして、何が自分の中でひっかかっていたのか、足りないのか、
何を解消すればこれは癒されるのかに気づかなくてはダメ。
それなのに、あなたたちは、そんな自分をごまかすか、すぐに治療をしようとする。
そして、薬などで抑えて治ったと思い込む。
でもそれは、自分を麻痺させて、痛みをどこかに追いやっただけ。

こうして**自分を否定し続けていると、細胞は生まれ変わることができなくなる。**
自分を否定しているということは、違うものになろうとするということだからね。
そして、結果的に、自分を拒絶し続けると癌になってしまう。
そして癌は、どんどん転移する。

Q そうやって、取り返しがつかなくなると、死に至ってしまうわけですが、
それも自分の選択になるのですか？

人生の最終**目標**は〝死〟

地底人　あなた、死が悪いことだと思っているの?
死は解放よ。執着からの解放なの。

Q　そうですね。
私たちは、死を悲しいもの、怖いもの、訪れてほしくないものと思っているから。

地底人　あなたたちが**それぞれの人生で、一番最後に出したい結果は〝死〟なのよ!**
必ずそこへ行く。

なぜならば、そこへ行きたいから。

Q　そうか。確かに、死を悪いものと定義するなら、
そこへ向かっている私たち人間全員の人生は、
その悪い場所へと１日１日近づいていることになってしまう。
どんなにいい人生を生きていると思っている人でも。

〝死〟は自分で選んでいる

Q2　私自身の話になりますが、妻を病気で亡くしてしまったのですが……。

そのことについて、そのような願望が自分の中にあったのではと思ってしまったりするのですが、どうなのでしょうか？

もちろん、当然、そんなことを自分では望むわけはなく……。

地底人　あなた、自分のことを何様だと思っているの？

あなたは自分の人生における創造主であるけれども、彼女も自分の人生における創造主であったはずよ。

彼女にだって、一人の人間としての威厳はあるのよ。
彼女が死を選んだのであり、あなたが選んだことじゃない。
あなたも彼女の人生に加担はしていたけれども、あなたが別に望んだわけじゃない。
自分の命に終止符を打つのは自分の問題。
彼女だってそのことを自分で選択する権利があるのよ。
あなたが決めることじゃない。

Q2 例えば、最期の時が近づくと、「もうダメなのかな?」などと不安になったりする、そんな自分の内側の気持ちが、実際に外の世界で顕在化して彼女の死という現実をつくり上げてしまったのではないかと思ったりもして……。

地底人 どうして、あなたが「もうダメなのかな?」なんていう考えをしたのだと思う? それは、相手から発せられるエネルギーによって、その意識を受け取ったのよ。けれども、あなたが「生きていて欲しい」という気持ちがあり、

相手が「生きていたい」という気持ちがあれば、
その人を引き上げることができたかもしれない。
死の淵から奇跡の生還をする人はいくらだっているでしょ?

Q2　そうなんだ……。そういう意識を強く持てば、現実は変えられたかもしれないんだ。

地底人　でも、本人がもう諦めてしまったのならムリ。
もうそこから逃れることを選んだのかもしれない。
生きることだけがいいことではないのよ。
ただの体験なのだから。
それに、死ななければ転生はできないでしょ?

Q　ちなみに、こういった家族や身近な人の死などの場合、残された周囲の人々は、
そこから何かを学ぶためにそれが起こっているんでしょうか?

地底人　それは、あなたたちの自由。意味付けはすべてあなたたちがするの。
この世界で起きることは、すべて現象でしかないのだから。

Ｑ　それでは、私たちは、死というものをどのように捉えればいいのですか？
次の新しい生へのリセットのような場になるとか？

地底人　いい？　形あるものは、すべてなくなる。すべてうつろいゆく。
今、あなたたちのその形を留めているものは、いつかはなくなる。
それは、喜びでもあるのよ。新しい再生へのね。
時がうつろい、周囲の景色や人々など万物がうつろう中で、
自分一人だけが同じ肉体を持ち、何も変わらないままの自分を留め続けることは、
果たして、喜びになるかしら？

Q　私たちは、死を恐れると同時に、長生きすることを素晴らしいと思っているところもありますからね。

でも例えば、インドのヨギなどの行者は、森の奥などで隠遁生活をして数百年生きている人がいるとも伝えられていますよね。

このようなケースは、どうなんですか?

夢中になっている人は歳をとらない

地底人　（沈黙が続く）
いい？　すべてあなたが認識したときに、その存在ができるの。
すべてはあなたが信じるかどうか。でも、数百年生きるということが不可能だと思う？
あなたたちは、私たちの肉体に似せてつくられたんだから、それも可能。

Q　ということは、長寿の人たちは、「長生きできる」と信じるから、それが叶っているんですね？

地底人　というよりも、すべてを忘れているから長生きできている。
あなたたちが肉体を持っているということは、
これまで生きてきた思考を常に保持しているということになる。
でもそれは、ある種とても辛い状態でもある。

あなたたちは、たかだか20年、30年生きただけですぐに死にたくなってしまうでしょ？
それを100年、200年続けてみなさいよ。どう？
普通だったら、辛くないかしら？　なぜ、それができているのか、考えないと。

Q　なるほど。長寿の人たちは考えていない、というか悩んでいないんですね。
すると、そういう状況を〝悟り〟と言うんですか？

地底人　あなたたちは、すぐに枠に入れたがるわね。

もし、彼らが本当に存在したいと願うなら、ただ、そこにいられるの。
それに、悟りを開いた人は全員、死なないとでも思うの？
死にたいときは死ぬ。人は見たいものを見て、信じたいものを信じるだけ。

Q　そうすると、数百年生きるインドの行者の特殊な例は置いておいて、この一般社会で生きている私たちは、人生も70～80年を迎えると、ほとんどの人は衰えてきます。免疫も落ちてくるし、足腰や身体も全体的に弱りはじめる。
そして、やがて病気になったりして、多少の年齢の誤差はあったとしても、１００歳を前にほとんどの人は寿命を迎えてしまうわけです。

地底人　あのね、細胞は常に再生しているの。
あなたの10年前の細胞と今の細胞では、ひとつとして同じ細胞はない。
常に新しく生まれ変わっているんだ。
それなのに、自分を愛さないエネルギー、つまり、ストレスを与えるからこそ、そうなってしまう。

Q　なるほど。そうすると、年齢のわりに若々しい人たちは自分を愛しているということですね。

地底人　そう。簡単に言えば、生きることに夢中になっているの。夢中になれば時間は存在していないのと同じ。

Q　究極のアンチエイジングは、自分を愛することですね。

地底人　そう。自分を愛すれば、好きなことしかしないから。その瞬間、瞬間に生きている人は若い。例えば、その瞬間に勝負を掛けているスポーツ選手とかね。

あなたたちは、連続した過去を錘《おもり》のように身体にくっつけて、一緒に引きずりながら

前に向かって生きている。でも、瞬間に生きている人にはその錘はない。

極論を言えば、すべてを忘れれば、あなたたちは新しいものを生み出す力を持っているということ。

そして、あなたが持ちたいものは、すべてあなたの思考によってつくられる。

もし忘れたい過去があれば、忘れたいと思っているうちは、忘れたくないんだ。

Q　そうか、いつまでも健康でいるためには、ストレスをためず、過去を引きずらないこと。そして、結局は、好きなことに夢中になること。それが究極のアンチエイジングの方法なんですね。私もそうしよう！

地底人　**言葉だけじゃダメよ！**

Q　はい。

認知症になるのは、自分のことを〝忘れたい〟人たち

Q　健康問題といえば、ここ数年、認知症なども社会問題になってきています。例えば、買い物に出た帰り道に帰る家がわからなくなって、そのまま保護されたりして施設に送られたり、家族が何年も探し続けたりとか。こういう認知症などはやはり現代の病なのでしょうか？
どういう理由で増えてきているのでしょうか？

地底人　あのね、それぞれに起きている理由は全部違うの。
でも、**あなたたちが認知症と呼んでいる症状は、**

自分が自分でないという存在をつくり上げることによって、
自分のことを忘れたいから起きる。
脳をショートさせることによってね。**要するに、違う自分に生まれ変わりたいのよ。**

Q　それは、ある種の現実逃避みたいなものですか？

地底人　そう。さらには、自分が自分でない存在になろうとするということが
急激に起こってしまうと精神疾患にもなる。
でもあなたたちの多くは、自分をだましながらこのことを少しずつ進行させている。
つまり、自分を自分でないことにして、忘れたいことを自分の中から消している。
言ってみれば、それも精神疾患のひとつよ。
でも、認知症だの何だの、それらにどういう病名をつけるのかは自由。
あなたたちが勝手に、その状態をただ分類しているだけだからね。

Q　最近、私も記憶力が悪くなってきたような気がするのですが、どこかにそういう心理が働いているのでしょうか？　それとも老化？

地底人　単に記憶したくないだけよ！

だって、あなたたちは、自分たちが本当に好きな物、好きなことはきちんと覚えているでしょ？

それに、老化のせいにしたいの？

あなたたちは大昔に起こったことでも、消し去りたくないこと、捨てたくないことはよく憶えているでしょ？

それは、あなたが憶えていたいと望んでいるから。

そして、新しいものを受け入れようとしないと、新しいものは当然、記憶として入ってこない。

Q　確かに小さな頃のこととかやたら憶えていたりしますね。

地底人　基本的に、自分のアイデンティティをつくっている大切なものは憶えておきたいという意識が働いているもの。
そして、それらはあなた自身がその記憶をよく使うから、記憶の優先順位の中にも入っている。

Q　なるほど。それでは、例えば、お酒とかで酔っぱらうと記憶がなくなったりしますが、それはどういうことですか？

地底人　それは、その飲み物を摂取することによって、脳をゆるめているという状態。アルコールで記憶がなくなるのは、いわば薬の作用と同じよ。

外的な要因であって、今までの話とはまったく違う。

それに、忘れるから困るとはいっても、逆に、忘れたいからといって、忘れられるものじゃない。

忘れたくても、忘れられないことってあるでしょ？

Q　そうか。アルコールはまったく別の問題なんですね。

地底人　認知症という病気のことをいうなら、この病気は昔からも存在していたはず。
でも、それが増えているというのなら、
それはあなたたちが自分自身を生きていないから。
自分を生きていないことによって起きる病気の症状は、人それぞれで違う。
忘れたいと思って記憶を飛ばすのか、
あるいは、自分の肉体の細胞を殺しはじめるのか。
そして、それらも複雑に絡み合っていろいろな要因をつくっている。
原因は、そんなにシンプルじゃない。
だって、あなたたちの考え方はそんなにシンプルじゃないからね。
それに対して、宇宙のリズムはとてもシンプルだ。

ウツ病は、自分を生きていないことに対する単なる言い訳？

Q　現代に生きる私たちが、シンプルな宇宙のリズムに合せられなくなっているんですね。そうすると、ウツの状態も同じように、自分を生きていないことの現れということですね。

地底人　まず、ウツに関して言うと、ウツ病になる人は、ウツになったことが自分のせいだと思っていない。

ウツは、今の社会の在り方が原因で起きることがある。

例えば、ウツにもいろいろな種類があるでしょ？

自分の内側に入っていって引きこもりになってしまうようなウツのタイプや性格的に内気ではなくても、社会に適応できなくなってウツになるタイプなど。

そして、社会に適応できないウツを患っている人の場合、自分が社会に適応できていないことを自分でよく理解している。

内在する意識の中で、自分が所属している場所が自分は合わないということを知っている。

そして、抑鬱状態の中でこの社会がおかしいということを自分でわかっている。

だから、医者が判断するウツ病という病名の枠の中に、ウツのさまざまな症状のすべてが適応可能というわけではない。

もし、あなたが国や組織などに絶対的に支配される環境にあるのならば、それが間違いであると思うことすらないので、自分のポジションを信じて疑うこともない。

だから、悩むこともないし、ウツにもならない。

そこまで個人への影響力が強ければ、悩ませることは何もないのだから。

Q　独裁体制のもとの共産主義社会の場合などですね。右向け右と言われれば、悩むことなく右を向くから。

地底人　そう。でも、ウツ病という言葉があるがゆえに、あなたたちは自分がウツ病ではないかと疑い、自分をウツ病の枠に当てはめていく。

もし、**やる気が落ちていることをウツ病と呼ぶのなら、それは単に、やるべきことが間違っているということよ。**

ウツだと自分で信じている人に「この瞬間から楽しいことだけしていい」と言ってみなさい。

その人の抑圧された感情はその瞬間に、すべて払拭されるから。

結局、あなたたちの多くは、いろいろな理由をつけて、ウツということに甘んじていたいだけ。

ウツということにしておけば、社会でそういう風に見られ、扱ってもらえる。

ウツを言い訳として使っている人も多いのよ。

Q　でも、年齢的にホルモンが低下すると自律神経が乱れ、それが落ち込みやウツなどの原因になるという関連性などもありますよね。

地底人　あなたは、そんなでっちあげられた話に乗りたいの？

医学で言われている説を信じるかどうかはあなた次第よ。

本当に好きなことをしていれば、歳はとらないって言ったでしょ。

もし、ホルモンが減少するのなら、減少させたのはあなたのせい！

欲しいものだけを、あなたの中に体験させればそんな問題は起こらないはずよ。

生きながら自分を殺していて、**自殺者**を悪く言うなかれ

Q　そうですね。わかりました。
そうすると、自殺に関してはどうお考えですか？

日本は自殺を図る人が年間3万人もいて、自殺大国と呼ばれるほどです。


地底人　自殺にもいろいろなケースがあるわ。

それに、今だって、あなたたちは自分自身を殺しているじゃない。

自分自身に病を引き起こし、食べ物やストレスで毒を盛り、じわじわと時間をかけて自分を殺している。

あなたたちは、
自殺という形で急激に死に自分を追いやった人のことを悪く言うわよね。
彼らは辛抱強くなかったとか、もっと頑張るべきだったとか、
他に道があったはずだとかね。
そういうことで、自分たちの方が優位に立ちたいから。
だって、自分はそんな思い切ったことはできないし、
死なずに我慢しているのだから。
でも、あなたたちだって同じじゃない？
自分たちもじわじわと自分を殺しているじゃない？
私からすれば「どっちが悪い？」と言われれば、
どっちも同じよ。変わらないわ。

Q
やはり、インナーアースさんからすれば、

自殺という事実にも善悪はないということですか?

地底人　自分を殺すという行為は突発的な自殺というものであれ、自分自身を生きずゆっくり死へ向かう生き方であれ、どちらも悪い。自分を愛していないわけだから。

自殺しても、執着が残るなら**転生**できない

Q　そうすると、転生という観点から見ると、自殺とはどのようなものなのですか？自殺をすることは、永遠である魂の転生のサイクルにおいて、ある種予定外の動きのようにも思えるのですが、そのサイクルからスピンアウトしてしまうことにはならないのですか？

地底人　ならない！
魂は自殺しても、いずれ同じように転生する。
ある人が、自分を変えたいと思うあまりに、肉体から魂を離してしまうという自殺を

した場合でも、いずれその魂は新しく生まれ変わる。
ただし、肉体が亡くなったとしても、そこに思考だけが残ってしまうことがある。

自殺をするということは、
逆にこの世にたくさん執着を残していることでもあるからね。
だから、この地上にも今、死者の魂がたくさん残っているでしょ？
それらがどんな執着、思いとしてそこに残っているか、ということなの。
霊体だけになってしまうと、肉体がないからそこにエネルギーがあるだけ。
そこにずっと留まってしまう。

Ｑ　そうすると、そのような場合は、せっかく人生をリセットして生まれ変わろうと思っても、エネルギーとしてそこに留まる限り、転生することはできないですよね？

地底人　そこにエネルギーとして残っている限り、転生できない。

だって、魂は同じ1本の糸でしょ?

Q　そうか……。そうすると、せっかく人生から逃れようと思っていたのに、逆に、そこから逃れられないという皮肉な結果になってしまうんですね。

地底人　とにかく、自殺であろうと、病死であろうと、どのような死の形であれ、執着が残ってしまうのならこの世界に留まり続けることになる。自身が〝死んでいる〟ということを認めない限りはね。

Q　でも、そこに留まり続けていても、ある時点でふと気づきがあったり、思い直すことができれば、地上から離れられるものなんですか?

地底人　肉体を持っていれば、可能だ。

時間という概念の世界で生きているあなたたちだからね。

時間の経過の中で、意識は変えていける。

一方で、エネルギー体になると、もう思考することもない。

ただそこにあるだけだから、気づくこともできない。


でも、その自殺した人生の転生前、転生後のパラレルワールドに複数存在している別のあなたたちがそこに留まり続けているあなたを引き上げることは可能だ。

例えば、自殺を試みようとしているあなたの考えを変えるために、他の誰かを送り込み、自殺を止めたりすることもある。

もしくは、結局自殺をしてしまっても、そこに残った魂を引き上げることはできる。

なぜならば、自殺をする人、それを助ける人もすべて一人であり、同じ人間だから。

自作自演であり、役回りが変わっただけだ。

Q　それは、ここにいるすべての人が私自身、というういわゆるワンネスの話ですね。

地底人　そう。
それに、あなたたち人間は、〝生き切った〟といえる人の方が逆に少ないのよ。
ほとんどの人間たちが、自殺しているようなものだって言ったでしょ？
それに自殺じゃなくても、もし、誰かが突然、不慮の事故に巻き込まれたとしても、
事故を起こした加害者も、それに巻き込まれて死んだ被害者も、
そのことを自分が選んだのよ。
自分のことを愛していないとそうなってしまう。

だから目覚めて。
自分を愛して。
本当に生き切って。

Q　そうですね。生きながら自分を殺してはいけないですよね。

地底人　毎日、死んだように生きて地獄にいる人がどれだけ多いことか。
その地獄はあなたたちがつくったのよ。わかっているの？

食べ物だけが人間のエネルギーではない

Q2　最近、食事を摂らない不食の人というのが少しずつ増えてきて、話題になっています。食事をしないといっても、短期間の断食ではなく、もう何年も食事をしないというような状態の人々が存在しています。食事をしないと、人間の身体は栄養も摂れなくなり機能しないと思うのですが、このような人たちは、どこからエネルギーをつくり出すのですか？

地底人　あなたたちは、食べることだけで栄養をまかなっているると思っているでしょ？

でも、見えないエネルギーは、この世界にはたくさん存在している。

食事をしない人々は、それらを体内に取り込んでいるの。**人間は、それぞれ自分が欲しているものから、エネルギーを取り込むことができる**のよ。

だいたいね、今のあなたたちは食べ過ぎなの。
だから、本能的なものがわからなくなっている。
野生の動物が毎日ご飯を食べられると思っているの？

Q　確かにそうですね。
野生動物なら数日に1回だけしか食べられないこともあるでしょう。
そうすると、人間も食事なしでもメカニズム的には生きられるものなのですか？

地底人　その問題については、あなたたちの今の食事というもの、
〝食べること〟に対する固定概念を捨てなくてはダメ。

それに、食事をする、しないという問題の前に、あなたたちは、
自分たちが求めているものを自分でわかっていないということをまずは認識するべき。
だから、食べることへの欲求でごまかしている。
そして、お腹いっぱい食べることによってニセモノの満足感を得る。
それは、とても手軽で簡単だからね。
でも、本当に欲しいものは愛情だったり、生きがいだったりするはず。

Q　そうですね。気づけばストレスで食べてしまうことってあります。

地底人　あなたたちが、もし自分に必要な量を知って、それだけを摂取できているのなら、
今、こんなにも人間は食事をしていないわよ。

Q　自分に必要な量というのは、わかるものなんですか？

地底人　お腹が空いたときに、食べればいいだけ。
空腹を満たしているのに、さらに上からまだ満たそうとするのは、
自分自身を汚すこと、犯すことになる。
それは、燃料がすでに満タンなのに、さらにムリやり注入すれば
どこかから燃料が漏れ出してくるのと同じこと。
そして、食べ過ぎれば、宇宙のリズムから外れるから身体もおかしくなる。

Q　つまり、自分が満たされていれば、食事も少なくていいわけですね。

地底人　いい？　すべてのものはエネルギーから成っている。
あなたもエネルギーから成っている。
もし、口からしかエネルギーを吸収できないと思い込めば、そうなるだけ。
でも、どんな形からでもエネルギーを吸収できることを理解すれば、
皮膚からだってエネルギーを取り込むことができる。

あなたたちは、身体をただ物質的な形状のモノとしてみなしているけれども、身体だって素粒子の集まり、エネルギーの集合体でできている。

そして、空気中にもそれらのエネルギーは目に見えない形で存在している。

それらの**エネルギーは、意識しなければただ身体の中を通過しているだけ。けれども、それらを栄養になるものと捉えたときに、それは身体を通過するだけでなく、身体にとっての栄養分になる。**

すべては、あなたたちが自分自身の身体というものをどう認識するかだ。

Q　そうすると、ここにある空気もエネルギーだと思えばそれを取り込めるのですね。

地底人　〝空気〟なんていう乱雑な言い方はやめて！

空気中の中にある微細なエネルギー体として認識しなきゃ。

あなたたちは、見えないエネルギーをすでにたくさん取り入れているのよ。

Q　それはやはり、きれいな場所の空気でなければいけないのですか？

地底人　誰がそんな風に限定したの？
どんなエネルギーを取りたいか、何を食べたいか、ということが大事なの。
あなたがオーガニックのものを食べたいと思うとき、
自然の有機のエネルギーを自分の中に取り込むだけ。
欲しいものは自分で決めればいい。

Q　例えば、肉食をしない人たちの中には、
肉食をすると動物が屠殺されるときの悲しみのエネルギーを自分に取り入れてしまう、と考えている人もいます。
一方で、自分には健康のためには動物性たんぱく質が必要だとして
肉を食べる人もいる。

そういう考え方は自分次第なのですね?

地底人　好きにすればいい。
あなたたちは、転生の中で動物でもあり、自分自身でもある。
そういう意味では動物を食べることは自分を喰らうことでもある。
それを許すのは自分自身の問題であり、
許さない人がいるならそれはその人の問題だ。
好きなだけ食べればいい。
ただ、あなたたち自身がそれをどう感じるか、ということ。
もし、罪悪感を持って食べるなら、食べない方がいい。
それに、動物がかわいそうというのなら、植物だって同じ生命体だ。そうじゃない?
この世界に存在しているすべてのものは、エネルギーなのだから。

Q　つまり、食事に関しては、どのエネルギーを取り込むかは自分が決めていい。

そしてポイントは、食べ過ぎるな、ということですね。

今は時代的にも、昔のように1日3食きちんとしっかり食べよう、という考え方から、少し食事を減らすことの方が健康にいいという流れには一応なっています。


地底人　そんなこともどうだっていい。周りが何と言おうと関係ない。

それを決めたのは、その考え方をビジネスにしたい企業や組織だ。

あなたたちは、そういったキャンペーンに翻弄されるから、よけいに自分たちの食べる分量がわからなくなる。

自分の本能を信じればいいだけ。そして、大事なことは、満たされちゃダメだということ。

Q　満たされてはダメだというのは、満腹感を感じてはダメということ？

地底人　満たされるのではなく、自分に必要なものを必要なだけ取ればいいということ。

だいたいね、満たされるのは心だけで十分なの。

本当に満たしたいのは、胃袋じゃないはずよ。

Q　そうですよね。
それでは、スナック菓子とかファストフードとか添加物などがあるもの、ケミカルなものに関しても、そのときに、自分が食べたいものなら、それらも十分エネルギーになるということですか？


地底人　好きにすれば？

一番いけないのは、これを食べたら身体に悪いと思いながら食べる自責の念のストレス。

でも、あなたが本能に忠実になれるのなら、添加物のあるものは食べなくなるはず。

だって、あなたの身体は自然のものなのに、人工のものは取り入れたくないでしょ？

あなたの身体のどこが人工のモノでできている？

あなたたちが必要なものだけで十分だということがわかれば、人間の食べる食事の量は半減するはず。

そして、食べる量が半分になったときに、添加物やケミカルなものを食べたいか、ということ。

そうなっても、スナック菓子なんて食べたい？

Q　食事の量が減るとなると、せっかくなら美味しいもの、身体にいいものしか食べたくなくなりますね。

でも、お菓子はたまに食べたくなるかもしれないけれども。

地底人　食べ物への欲求は、あなたが〝満たされたい〟と思うときに起きる。

食欲を満たすと、人間は自分自身を支配したような感情を抱くからね。

実際には、健康のためにこの食べ物がいい、あれはいけない、というのはない。
とにかく、自分が心地いいと思ったことを続ければいいだけ。
そうすれば、周波数が変わってくる。
でも、ジャンクフードとフルーツは周波数が違うでしょ?

Q　でも、ジャンクフードも、たまに食べたくなることもあったりして。

地底人　それでも、食べたいなら食べればいい。私の身体じゃないしね。
それにジャンクフードに関して言うと、
要するに、ジャンクフードばかり食べている人があなたにどう映るか、ということよ。
あなたがどういう定義でその人たちを見ているのか。
あなたがその人たちの周波数に合うのか、
そして、あなたがその人たちのようになりたいならそうなるだけ。
ジャンクフードを食べることについて、そこに善悪はない。

ただ、相対的な関係があるだけ。ケミカルな身体になりたいのかどうか、ということ。

それは、食べ物だけじゃない。

聞く音楽、読む本、見る絵画などすべての周波数が違う。

あなたが心地よいと思うものを取り入れればいい。

そして、モノだけじゃない、人間関係などもすべて同じ。

自分がどうなりたいかは、自分自身でつくるのだから。

異常気象は人間のせいではない

Q　わかりました。

ところで、毎日猛暑が続くこの異常気象はどういう状況なのでしょうか？　40度近い地域もあって、東京も35、6度という状況です。

地底人　**今、地球の周波数が変わりつつあるの。**

でも、その暑さに参ってしまうのは、あなたたちが抵抗するから。

暑くなると、あなたたちはクーラーや空調などを開発して涼しさや快適さを見つけて、暑さをしのぎ、暑さという問題を解決しようとして、なんとかその場をしのごうとする。

でも、この質問に対する答えは、
あなたたちが、この変わりゆく周波数に対応できるか、できないか、というだけ。

もし、あなたたちがこの猛暑に対応できなければ、そのまま淘汰されて消えていく。

そして次に、このような暑さに対応できる新しい身体を持った人間が登場する。

地球は今までもそうやって変わってきたでしょ？

だから特別に、この状況は問題というほどのことではない。

あなたたちが〝異常気象〟だと思っているだけで、私たちはちっとも異常だと思っていないのだから。

人間は、そのときの環境、周波数に順応しながら、姿形を変えてずっと生き延びてきたでしょ？

Q ただ、何世代もかけて人間の身体が少しずつ変化するのならまだわかるのですが、ひと昔と近年の夏を比べてみても、確実に数度上がっているんですよね。私たちがすでにハイブリッドな身体に変化しているのならともかく、ずっと同じ身体だともたないですよ。

地底人 **あなたは、自分の身体が昔と今と同じ身体だと思っているの？同じひとつの身体でも変化しているのよ。**

Q 細胞レベルでは変化しているんですね。

地底人 **肉体はどんな状態にも対応できるように変化しているの。**

Q 地球の環境は今後、どのように変化するんですか？　もっと温暖化が進むとか。

地底人 **そんなに単純な問題ではない。猛暑がこのままどんどん進む、というようなものではない。**

物事は、一方的なものではないから。朝があり夜があるように、夏があり冬がある。常に周期は巡り、回っているもの。

だから、今、気温が上昇しているのなら、いつかは気温が下がる時代がやってくる。

そして、それを繰り返すだけ。

Q　では、次は冷夏というか寒い時代、いつかは氷河期もくるということですね？

地底人　**そうよ。でももちろん短期間の間に一気にはこない。**
でもそうなったら、あなたたちは、今度は暑い方がよかったと言うはずよ。

Q　そうでしょうね。でも、今は季節も四季というより、夏と冬だけになってしまったような気がします。
春と秋は短くなってしまった気がします。

地底人　今は、すべてのサイクルが速くなっているの。でも、それもまた変化していく。

Q　このような温暖化に対して、私たち人間ができることってあるのですか？例えば、温暖化を防止するような活動とか？

地底人　あなたたちは、人間がこの状態、地球温暖化と呼んでいるものを導いたとでも思っているの？　あなたたちも導かれて、今のこのような状態があるのよ。

Q　そうなんですか。一般的には、人間の産業活動による温室効果ガスが原因といわれていますが。

地底人　そんなことが原因じゃない！
自分たちで本当の理由がわからないから、それが適当な理由として挙がっているだけ。
でも、あなたたちは、現状の産業活動においても、自分たちのポジション、

つまり、自分の存在意義を理解していないから、
どれだけのものが自分に必要かわからず、制限なくただ欲しがるだけ。
だから、さらにバランスを崩してしまう。
こんな状況が進めば、やがてすべてがリセットされる日がやってくる。
この現実は、あなたたちが求めた結果なのよ、わかっているの？

Q

はい。でも、どちらにしても人間の飽くなき経済活動が
この地球温暖化に拍車をかけているのも確かですね。
とにかく、気温の変化には無理に逆らわないようにする、
ということが大事なんですね。

町田真知子の幸せになれるコラム②

「お祓いは、追い払おうとしないこと」

もともとは、赤ちゃんやペットのメッセージを届けていた私ですが、銀座にオフィスを構えるようになると、ビジネス街ということもあってか、赤ちゃんに関する相談以外も寄せられるようになりました。

中でも特殊なケースとして、「お祓い」を依頼されることもあります。

あるとき、次のような相談がありました。

それは、一家に立て続けに不幸が起こることに悩む依頼主からの相談だったのですが、その方と向き合うと、その方の家庭というよりも、住んでいる集落全体に問題があることがわかりました。

その家に不運ばかりが降りかかる理由は、百年以上前に起きたある出来事が原因でした。

その依頼主は先祖代々同じ場所に住んでいたのですが、数代前の時代に、近所のある一家の息子さんがあるいざこざをきっかけに、結果的に集団リンチに遭い亡くなるという悲惨な事件が起きていたのです。すると、その被害者の祖母が、今度は復讐として加害者の家を焼き払ってしまったのです。こうして、次から次へと復讐が復讐を呼ぶ憎しみの連鎖がその場所一帯で何年も続きました。

結果的に、そのエリア全体には、憎しみのエネルギーがずっと留まることになってしまったのです。

そこで、依頼主の悩みを解消するためには、その方の家だけでなく、かつての村だったその集落一帯に流れる負のエネルギーを全体的に浄化する「お祓い」をする必要があることがわかりました。

実は個人的には、お祓いなどはできるだけしたくないのが正直な気持ちです。

なぜかというと、問題を解決しようとした瞬間に、その対象になるエネルギーがこちらの動きを食い止めようとしはじめることもあるからです。

例えば、携帯が割れたり、ＰＣが壊れたりとさまざまな形でお祓いをすることを阻止してきます。

そんなときは、それらのエネルギーに負けてしまわないように、ポジティブな気持ちだけを持つようにします。

一般的に、除霊やお祓いをするというと、祭壇をつくったり、お経や呪文などを唱えたりなどする特別な儀式を想像される人も多いことでしょう。

けれども私の場合は、そこに残っているエネルギーと会話をするだけ、または、彼ら同士で話し合ってもらうだけです。

特に、肉体がなくなってしまった人々は、時間を感じることができないことから、すでに長い時が流れたことにも気づかず、憎しみの意識のままで留まっていることがあるのです。

そこで、私の肉体を通して彼らの止まった時を動かすのです。

つまり、私を媒介にして彼らにすでに何十年もの時間が過ぎていることを伝え、彼らにも話し合ってもらい、本来行くべき世界に帰っていただくのです。


基本的に、お祓いのコツは、「祓おう」としないことです。

なぜならば、「祓う」ということはその祓おうとする対象を「拒否する」ことになるからです。

そうすると、拒否すればするほど、そのエネルギーは抵抗してくるのです。そうなれば、こちらもエネルギーを消耗してしまいます。

そこで、彼らを追い払おうとせずに、まずは、彼らの言い分を訊き、彼らを受け入れるのです。

「あなたの言いたいことはわかりました。じゃあ、どうすればいい?」

という風に、こちらも彼らの言い分があれば訊きながらお互いが歩み寄るのです。

このときのケースも、未浄化のエネルギーになんとか納得してもらうことで解決しました。


ごくまれにですが、お祓いをしても、悪いエネルギーを再び呼びこんでしまう人がいます。

それは、お祓いを依頼する人が、憎悪の気持ちを抱きがちだったり、マイナスの考え方をしがちな場合です。そんな人は、やはり似たような周波数のエネルギーをまた引き寄せてしまうのです。

そして、せっかくお祓いをしたとしても、その低いエネルギーは再びその人の身体を借りて、同じ思いの体験をしようとするのです。

ですから、マイナスの思いは自分の中にできる限り取り込まないことが大切です。

もし、自分に運が悪いことばかり起きるという人は、一度、自分の心の中を見つめ直してみてください。

自分は人を憎む気持ちを持っていないだろうか?

マイナスの思考をしていないだろうか?

そんな風に自分を振り返り、マイナスの思いを一掃することで、あなたの周波数が上がれば、自然にあなたの運もアップしていくはずです。

第6章

インナーアースとの対話……
目覚めるために

目覚めは**連鎖**する

Q　インナーアースさんは、よく、「目覚めなきゃ」とよく言われますが、地球上には目覚めた人はいるんですか？

地底人　あなた、いないと思うの？

Q　いや、いると思いますが、どれくらいいるのかなと思って。

地底人　数なんて関係ないでしょ！

今、この瞬間にあなたが目覚めたら、周囲を変えることができる。
一人ひとりがつながっているの。ネットワークでね。
すべてはワンネスとしてつながっている。
だから、ひとつの場所で目覚めがあれば、他の場所でも同時多発的に目覚めが起きる。
あなたという花がひとつ咲いたら、他の人も開花しはじめるのよ。
要するに、あなたが目覚めたという周波数をまとうと、
それは周りにも影響しはじめる。
だから、あなた自身が目覚めることが必要。
どれだけの人数が目覚めたかなんてどうでもいいこと。

Q 目覚めは連鎖するんですね。よく言われる、「100匹目の猿」のような感じですね。

でも、本当の意味で目覚めた人というと、やはり聖人という気がします。

キリストやブッダなど。そして、やっぱり私たちはどこか普通の人間でしかないと思っていて。

地底人　そんなこと、誰が決めたの？
キリストは、「あなたと私は違う」と言った？　キリストは何て言った？
「私は神だ」と言った？
彼は、「私は神の子であり、あなたたちは兄弟であり姉妹」だと言ったでしょ。
じゃあ、神もあなたたちも同じであり、そこに上下の関係はない。
私は、あなたたちのことを未発達だけれど、決して、だからダメだとは言っていない。
子供であることと大人であることに良い悪いはないでしょ？
同じ人間として、先に生まれたか、後からきたかという違いだけ。
良い、悪いはあなたたちがそう判断しているだけ。

Q　ちなみに、インナーアースさんは、人間界に来られたことはないんですか？

地底人　あなた、何言っているの？

あなたたちは私たちの肉体を真似てつくられたのだから、あなたたちは私の子孫になるの。

じゃあ、私も同じ人間ということじゃないの？

Q　では、大先輩ということですね。

地底人　あのね、地上に来たか、とか必要？
今、ここに私がいるなら、地上に来ているということでもあるでしょ。
これは私のひとつのボディ（町田さんの身体）でもある。
あなたが個という存在に、物質的なものにこだわるのなら、
これは彼女の肉体でもあり、私の肉体でもあるということ。
例えば、あなたは遊園地へ行ってゴンドラに乗ったら、
そのゴンドラを「私のゴンドラ」とは言わないでしょ？　それと同じよ。
ゴンドラは無数にあり、彼女があるひとつのゴンドラに乗っている。

そして、私も彼女と共にそこに乗っているの。

Q　なるほど。身体は魂が宿る借りものとしての〝乗り物〟みたいな考え方なんですね。

人間ってそんなに**ダメ**なの？

Q　ちなみに、インナーアースさんとお話ししていると怒られてばかりなのですが、インナーアースさんから見て、人間のダメなところってどんなところなのですか？

地底人　ダメなところなんて何ひとつない。

あなたたちが目覚めたいという認識があるから、こうして来ているんだから。

あなたたちは今、このタイミングで目覚めたい、と思っている。

だからこそ、こうして今ここで、あなたたちが目覚めようとすることを願い、助けたいと思っている。

それに、**人間だけがこの地球にいるとは思わないで。**
他にもたくさんの存在たちがこの地球上には来ている。
天体はそれぞれ影響しあっていて、今、たくさんのエネルギー体が
あなたたちを見守りながら助けているのだから。

今、直接姿を現して来ている人もいれば、
私たちのように間接的にサポートしている存在もいる。
皆、それぞれのやり方で協力しあっている。
それなのにあなたたちは、自滅しようとしているでしょ?
それは、個という認識が強すぎるから。
もう、気づくタイミングがきている。あとは、あなたたちの自由意思。
でも、いつまでも子供にお母さんは寄り添っていないでしょ?
あなたたちは自由意思の中で、いつも危ない火遊びの方にいくから、私たちがフォ

ローするしかない。

でも、そのフォローを受け入れるかどうかも、あなたたちの自由。

そのすべては完璧に行われているの。


それに、もし、この地球がダメになってしまうなら、いっそのこと、なくなってしまうのもいい。

もし、それが起きるなら、それもひとつの現実だから。

私たちさえも、決まったストーリーの中でただ動いているだけだからね。


消滅すること、誕生することに善悪はない。

〝新陳代謝をすること〟がいいこととか、悪いことかなんて考えないでしょ？

あなたたちは、頭の髪の毛が一本抜け落ちてもそれを悪いことと思わないように。

何しろ、生まれたものには、必ず死がついてくるのだから。

凶悪なニュースに**興味を持つ**なら、その事件の共犯者になる

Q　なるほど。地球も生きているからこそ、いつかは死を迎えるのですね。でも今、世界中を見渡しても、目覚めようとする人が多い反面、以前より世の中で起きる事件などはより凶悪、凶暴になってきている気がします。

地底人　当たり前でしょ？　光の方が強く光れば、闇は一層、暗くなる。すべては相対的なわけだから。今、強く光りはじめる者もあれば、深い眠りに入っていく者もいる。

でも、**大きな光の中では、闇は存在できない。**

同じ周波数の者は引き寄せ合うから、今後も二極化はどんどん進んでいく。

でも、闇が悪いわけじゃない。
闇はただそこにあるだけ。
でも、あなたたちが光になってそこに射しこめば、その部分の闇はやがてなくなる。
だいたい、もともと闇なんてなかったんだ。
あなたたちが闇をつくり上げただけだ。

あなたたちがこの地上で楽しく生きるために、あえて神であることを忘れたから。
あなたたちが、闇を好んだのだから。

Q　闇をつくりだしたのは、人間がエゴに従ったということ?

地底人　エゴに従ったんじゃない。エゴには従えないものだから。

自分の中に、自分自身がいなかっただけ。

エゴは意思を持たないから。

あなた自身しか意思を持つことはできない。

Q　例えば、自分の生活に闇の部分がなくても、メディアから流れてくる恐ろしいニュースが入ってくると、一応はそこに意識は向きますよね？

地底人　そんなものは、見なければいい！

あなたの世界にその事件は必要？

それにメディアが全部その事件の全容については、本当のことを告げていると思う？

あなたが見て、感じたものがすべて本当になる。

あなたがそのニュースを見たとしたら、自分でそのことを認識したものが本当になるの。

一人ひとりは、自分自身の見たい宇宙を見ている。

だから、みんな住んでいる次元が違う。
皆、次元の話をそれぞれの立場で説明しているけれども、
この地上においても、それぞれ住んでいる次元が違うんだから。
基本的に、今もあなたたちは見たいものしか見ていない。
もし、あるひとつのニュースが怖いものであれ、そうでないものであれ、
自分に入ってくるのなら、それをどこかで見たいと思っているから。
そのニュースを自分で選択しているんだ。
そして、あなたがそれを見て心を病むのであれば、
あなたは自分を愛していないということになる。

Q　そういうニュースを見てしまうのも、どこか自分の中にダークな要素があるからでしょうね。

地底人　そう。それに、そういうときは、あなたは自分自身が正常であり、

その事件を起こした人を悪者にしたいという意識も働いている。
それは、自分に自信がないから。
もし自分に自信があるなら、そんなニュースを見る必要もない。
自信があるのなら、他のものに満たされる必要はない。
ただ自分が自分を満たせばいい。
メディアはそれを知っている。
だから、どんどん煽《あお》る。
皆の注目を集め、皆を引きつける方が、自分たちのビジネスにも有利だからね。
そして、ネガティブなニュースを出せば出すほど、人はさらに好奇心を持ってしまう。
これも、一人ひとりが創造主であることを忘れているから。
人々の恐怖心を煽ることで、さらに恐怖を引き寄せ、また恐怖を実行させてしまう。
いってみれば、皆が共犯だ。

Q　なるほど。そうすると、そんなニュースを見るだけも共犯になるわけですね。

地底人　だから、目覚めなきゃ。気づかなきゃ。
あなた自身が光であることを知らないと、いつまでも同じゲームを繰り返してしまう。
あなたは自分が許可を出したものだけ経験するのだから。
あなたがすべてを創造主としてつくり出している。
だから、なにごとにおいても、他の誰かの責任じゃない。
あなたは、自分でつくったレールの上をなぞって進んでいるだけだ。
そして、ただ創造主であることを忘れただけだ。

Q　わかりました。インナーアースさんが、今、こうしてメッセージをくれるのは、やはり地球人たちの目覚めが足りないということですか？

地底人　その他大勢だけじゃなくて、あなたもでしょ？

ネットをにぎわしている未来人って本当にいるの？

Q　最近、「未来から来ました」という表現で未来人と呼ばれる人たちがネットの掲示板に書き込みをしていたりします。もちろん、冷やかしやニセモノもいると思うのですが、たまには「この人って本物？」みたいな人もいたりします。これらについてどう思われますか？

地底人　私も未来から来ましたけど、何か？
あなたが本物だと思ったときに、それは本物になる。
未来からの人間が本当に書いていると思う？

Ｑ　さあ、どうなんでしょうか？

地底人　いい？　見ている世界のすべてはあなたがつくっているの。

特に、ネットの世界は、あなたが本物だと思ったものが本物になり、信じたいものが、信じたいものになる。

そして、未来からの書き込みがあるというのなら、それを書く人は、転生後のあなたかもしれない。

それらは、あなたに見せるために書いているのかもしれないのだから。

あなたに必要なものは、すべて与えられる。

あなたが求めたものは、すべて与えられる。

不安に思えば、不安になる要素を自分が自分に与える。

Q　そうか。インナーアースさんも未来から来た人ですもんね。

地底人　今さら何言っているの？

いい？　未来は、あなたたちがつくるの。現在進行形なのよ。
彼らはあなたたちを未来に誘導しているのよ。
あなたたちが彼らを本物だと思えば、それが集合意識になり、
未来人と呼ばれる彼らが言うことをやがて具現化していく。
だから、あなたたちの思考には気をつけなさい、っていつも言っているの。
何を自分自身に実行させたいのか、そのことに気をつけないと。

ネットも含めて、メディアはあなたたちの不安を煽る。
そしてあなたたちは、それに応えて脅える。
あなたたちは、自分だけは安全だと思いたいから、不安を好むからスキャンダルや事

件が大好き。
自分はそれらのスキャンダルには関係ない、自分だけは安心だと思いたいから。
でも、それが逆にいき過ぎると、
今度は不安が大きくなり、実際にその不安を具現化してしまう。

こんな風に、災害さえもあなたたちが引き寄せているのよ。
それらはすべて集合意識によってつくられている。
もちろん、あなたたちだけがそれを引き起こしているわけじゃない。
この地球でさえも意識体なのだから。
地球もひとつの生命体だからね。

Q　地球さえも、自分の進む道は自分で選んでいるということですね？

地底人　その通り。

今、ここにいるあなたは100人のあなたのうちの一人

Q　そうすると、やはりここで運命は変えられるという考えと、すべてはプログラミングされている、という質問に戻るのですが、もし自分で自分の道を変えられるのなら、プログラミングも変わるということになりませんか？

地底人　あなた、自分自身がたった一人の存在だと思っているの？

あなたは今、ここで一人だけしかいないと思っている？

例えば、あなたが、Aという選択肢を取る。でも、考えを変えてBという選択肢を取るかもしれない。

すると、あなたは、ＡにもＢにも存在しているということになる。
あなたは、すべてに存在しているのだから。

Ａという選択をしたあなたもいるけれども、
パラレルワールドの中には、Ｂという選択をしたあなたも存在しているの。
ということは、あなたは何十人、何百人という数で存在している。

そして、毎日、さまざまな選択を繰り返しながら、あなたという意識体は、
連続した過去の記憶をデータ化し、自分というひとつの存在をつくり上げている。
でも、Ａを選択したあなたも、Ｂを選択したあなたもどちらもあなたでもある。
あなたたちは、選択した方の自分に意識を当てているけれども、
あなたという存在は、複数に枝分かれしながらも存在している。
ここにいるあなたは、無数の選択肢の中のひとつのあなたに過ぎない。
選択肢の中で選んだ選択に意識を飛ばしながら、移動している。
あなた自身も、無数の周波数を持ったあなたがいるということ。

そして、

あなたたちは自分の過去を変えられないと思っている。でも、それは間違っている。
あなた自身の周波数を変えることによって、
過去に起こった何かを選択していない自分さえも変えることができる。

Q　（とっさに図を書いて）
わかるような、わからないような。

例えば、私がA↓B、A↓B、A↓B、A↓B、A↓Bと選択を繰り返してきたとしたら、私は今、ここ（図で指示）にいますよね。こっち（図で指示）にはいないじゃないですか？

私の現実は、今ここにいるひとつしかないじゃないですか？

地底人　あなた、本当に頭が固いのね！
あなたはパラレルワールドにもたくさん存在しているって言ったでしょ？

あなたは、選択してきたひとつのルートだけを見ているからわからないの。
あなたは、今そこにいるあなた一人しか存在していないと思っている。
そして、あなたが住んでいるその世界はひとつだと思っている。
それは、今のあなたの周波数であなた自身を見て、あなたが見る世界を見ているから。
まったく同じ存在があなたの周りにもいるのよ！

Q　それが、やっぱりわからないんですよ。

地底人　じゃあ、あなたは知る必要がないんじゃない？

Q　あ、そうくるわけですか！

地底人　いい？　今のあなたは、複数存在しているうちの一人なの。
あなたは、今、その肉体だけを自分のものだと思っているから理解できない。

でも、あなたが選択を変えながら違う自分に飛び移りながら存在している意識体なの。

Q　このチャートなら、ここの中をぴょんぴょん飛んで、行き来しているわけ？

地底人　そうよ。

でも、ここから、ここへは一気には飛び移れない（下の位置から上の位置を指して）。

周波数が違い過ぎるからね。

だから、私はいつも周波数を上げなさいと言っているの。

あなたが好きなものを常に選びなさい、と言っているでしょ。

あなたがあなたであるためには、あなたが求めるもの、好むことをいつも選択する。

そうすることによって、あなた自身になるのだから。

あなたじゃないものを選ぶなら、あなたはよけいに自分じゃないものを選ぶようになってしまう。

選択肢の中を飛び交いながら現実を変えている自分

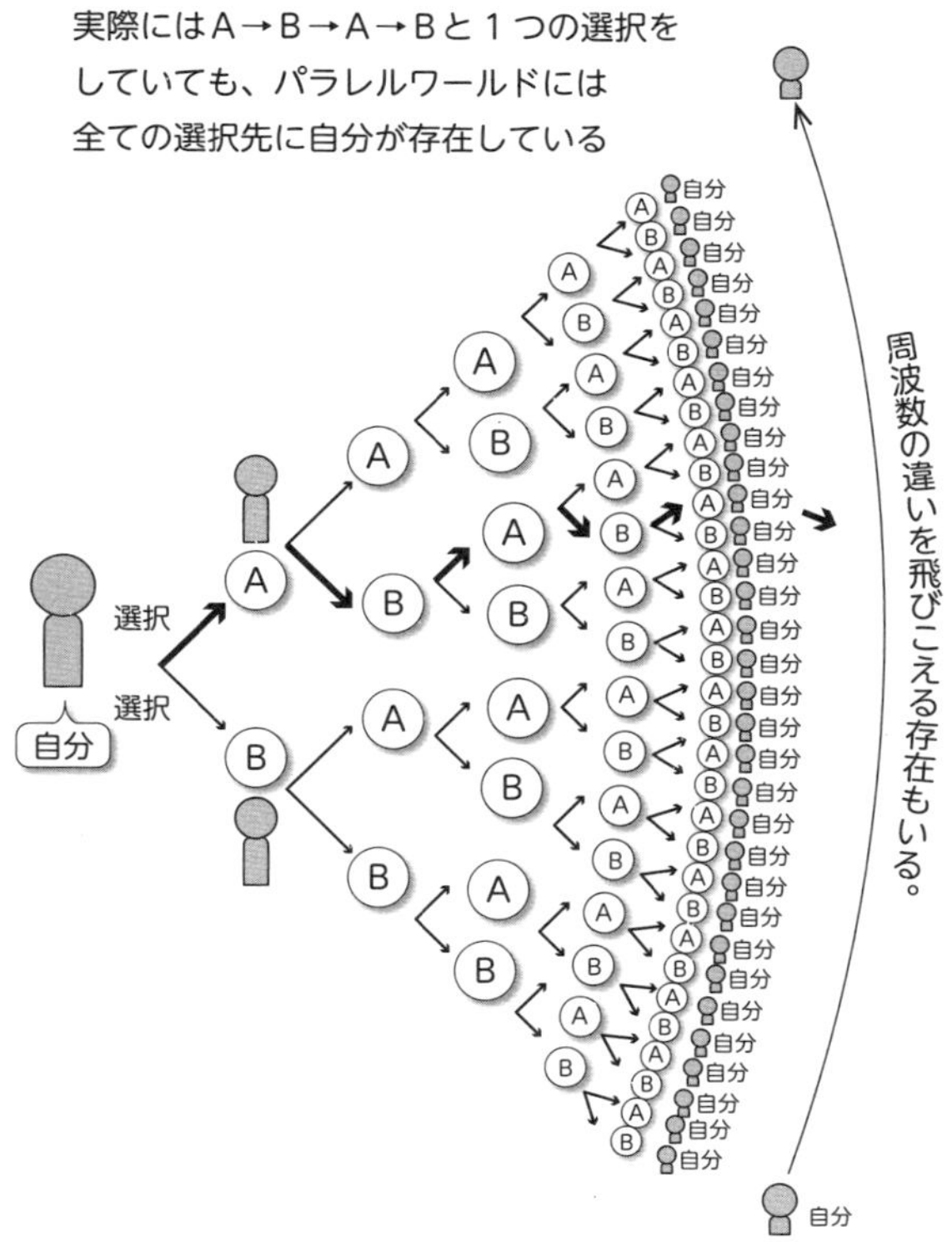
実際にはA→B→A→Bと１つの選択を
していても、パラレルワールドには
全ての選択先に自分が存在している
選択
選択
自分
A
B
周波数の違いを飛びこえる存在もいる。

一番下から上へは周波数が違うので一度には飛び移れない。
ただし一度に上がった場合、悟りが開ける。
マスターの様な存在はこのような動き方もする。

Q　自分からどんどん遠ざかっていくわけですね。
ところで、夢を見ているときに、まったく違う現実を生きているように思えるリアルな夢や、夢だとわかっていて見ている明晰夢などを見ますが、これらも、選択肢を飛び交いながら違う選択をして生きている別の自分なんでしょうか？

地底人　そう。そして最終的に、完全にあなた自身になったとき、
あなたのカルマはすべて解消される。
そして、あなたは違う存在に変わる。

今ここにいるあなたは、例えばあなたが１００通りの人生を生きているのなら、
そのうちの一人。
でも、完全にあなた自身になった周波数の高いあなたと、
自分自身を失った周波数の低いあなたは、もう違う存在のようなもの。
そして、一番底にいる自分自身でないあなたが高みに上がってくるのはとても難しい。

なぜならば、すべてを一度捨て去らなければならないから。
でも、完全に自己否定すると、今度は、肯定する作業がはじまるから。
そうすれば、一気に変わる。
人が悟りを開くときは、自分を捨て去るでしょ。
それは、自分を完全に否定するということと同じ。
そして、自分を捨てる＝自分でないものになろうとすることは、
神になろうとすることだから。
だから、いちいち「これは、〇〇である」とか
「これは〇〇でなければならない」などの思考をせず
ただ、流されるままでいることで上へ辿りつくことができる。
どちらの道を選ぶかだ。

Q　どちらかというと、すべてを捨てるという方が苦しみを伴うので、いつも選択をする

ときに、好きなことを選んでいた方がいいですよね。

地底人　それも好みよ。

結局は、少しずつ苦しみ、傷つくのか、一度に大きな苦しみと傷を負うのかの違いだけ。

あなたたちは、一度に大きな苦しみを背負った人のことをマスターと呼んでいるけれどもね。

彼らは、一気に悟りを開き、周波数を急激に変えるわけだから。

Q　なるほど、つまりマスターとは、苦行にも耐えられるキャパシティがある人、ということなんですね。

地底人　もちろん、マスターと呼ばれる人が全員というわけじゃないけれどね。

徐々に認識を得ながら高みへ上って行く者もいるから。

周囲を気にすることこそがエゴになる

Q　そうでした。

ところで、これもよくおっしゃる「自分が楽しめばいい」ということですが、自分だけが楽しければいいということになると、周囲のことを考えずにわがままになったりして、それこそエゴになったりしないのですか?

地底人　**それは、違う。**

はっきりいうと、人のためといって周りを気にすることこそがエゴであって、基本的に、あなたの内側にはエゴは入ってこれない。

エゴはあなたの外側にできるものだから。

「○○○のように見られたい」「○○○のようには見られたくない」という思いは、あなたの内側から出てくるものではないのだ。

実は、こういった意識こそがエゴなのよ。

あなたが自分本位になったときに、エゴはあなたから離れていく。

Q　周りを気にして、気遣いとか調和を保たなければと考える方がエゴなんですね。

地底人　あなたたちは、大変な思いで仕事をして、これだけ苦労したからこれだけの給料を得た、ということを信じているからそれが叶ってしまう。
それを自分に許可してしまう。
けれども、**ただ、楽しめることをやっていれば、**
そこにあなたの価値が発生して、自然とお金は入ってくるものなの。

仕事と遊びの境界線はあなた自身でつくっている。

Q2 遊びは楽しいこと、仕事は頑張らなくてはならないもの、と思っているからね。

地底人 **自分が本当にしたいことが、この地上でなすべきことなの。**

もし、自分がやりたいことをやっていないなら、
今いるそのポジションからはやく退席すべきだ。
そこにふさわしい代わりの人がいるから。
もし、いやいやそこに居続けるなら、
自分とその代わりの人の尊厳まで失わせていることになる。
皆、必要なポジションに戻る必要がある。
皆、自分に必要なものを理解すべきだ。

あなたたちは、自分に必要なものがわからないからこそ、必要以上に欲しがってしま

い、同時に必要以上に失うものを大きくしているんだ。
だから、不安だらけになってしまう。
もういいかげん気づかなきゃ。変わらなきゃ。

インナーアースやETとアクセスする方法

Q　ところで、ETというか宇宙の存在たちとコミュニケーションを取ったりするんですか？　もしそうなら、どのようにコミュニケーションしているんですか？

地底人　**あなたは、私とどうやってコミュニケーションを取っているの？**

Q　今は、町田さんを通じてです。

地底人　**こういうやり方もあれば、違う方法もある。**

でも、あなたたちはそれを知る必要もない。
だって、今こうやってコンタクトを取れているなら十分でしょ？
あなたに他のやり方ができるならそれをすればいい。できる？

Q　できないです。

地底人　そんなことはない。あなたができないと思えばできないだけだ。

Q　じゃあ私もインナーアースさんと自分でコンタクトが取れるのですか？

地底人　できる。
ただ、気をつけなければいけないのは、
それをどれだけ純粋なフィルターでそれを伝えられるかということ。
でも、つながることができても、それをいちいち人に表明する必要はない。

自分自身が神だということを知っていれば、人にそのことを言う必要はない。
例えば、道で出会う人すべてに、自分の名前を言いふらして歩かないでしょ？
ただ、あなただけがそのことを知っていればいい。

コンタクトは常に取れる。
あとはあなた自身にエゴがあるかどうか。
それには、あなたの思考はいらない。
知識や思考はこの世で得たものだけ。
それらが邪魔すると、私たちがあなたの中に入ろうと思っても入り込めない。
あなたが思考で片付けようとしたときに、理解できなくなるから。
だから、思考を止めることによってアクセスがいくらでも可能になる。
私たちだけじゃない。他の存在ともアクセスは可能だ。

夢の中で**夢中**になりなさい!

Q　夢の中でインナーアースさんに会えたりもするのですか?

地底人　夢の中では、思考は止まっているから可能よ。
でも、あなたたちが思考をフル回転させたなら夢さえも侵してしまう。
肉体だけは眠っていても、思考は眠っていない人も多いから。
それに、悪夢を見るのは、現実の世界で苦しまないでいいように
バランスを取っていたりもする。
夢の世界といえども、すべてがリアルなんだ。すべて現実だ。

あなたたちが、こっちが現実で、向こうが夢だと思っているだけ。
例えば、夢の中で、この机の上から突然うさぎが飛び出してきても
何とも思わないでしょ？
でも、現実のこの世界で、
実際にうさぎがこの机の上から飛び出してきたら驚くはず。
そんなことは、現実には起こり得ないと思っているから。
夢の中ではすぐに受け入れるのにね。
あなたがこうなりたいと思っていることも、現実では起こり得ないと思うから、
ただの夢になる。
でも、夢を見続けると、〝夢の中〟に入っていく。
つまり、夢中になる。
そして、**夢中になったときに時間は止まり、夢が現実になっている。**
一人ひとりが自分の夢、ファンタジーを持っている。

だから、他のファンタジーなんて、もうたくさんでしょ？

Q　それぞれ自分の夢の中に行きなさい、ということですね。

地底人　そう。夢中になりなさい、ということ。
本来ならば、自分の好きなことにしか夢中になれないはず。
私が夢中になれといったところでね。
いやなことには、あなたの心が動かないでしょ。
一人ひとりプログラミングが決まっているのよ。
つまり、楽しいと思えることが決まっているの。

Q　運命のプログラミングが決まっているというより、楽しいと思えるプログラミングが決まっているんですね。でも、それにしても、皆それを見つけるために右往左往しているわけですよね。

地底人　それについては、今回さんざん言ってきたわよね。
とにかく、あなたが夢の中で生きているように、現実にも生きなさい。
そうすれば、本当のあなたになれる。
それが私たちの言いたいこと。
私たちが言いたいことのすべてよ。
それだけ。

Q　そうでしたね。
ありがとうございました。

あとがき――編集によせて

ちょっぴり、いや、かなりコワい インナーアースの言葉から見えてくるもの

質問者の言葉をかりれば――

「あなた、バカなの!?」

こんなことを言われるのは、気の置けない友人からの〝冗談〟トーク以外では何年ぶりでしょうか?

小さい頃に親に叱られたとき以来かもしれません。

心ではバカだと思っていても、決して言葉に出さないのが大人や社会人ですが、人間界のそんな気遣いなどは完全に無視で、ビシバシとダイレクトに叱り飛ばしてくるのがインナーアースさんです。

インナーアースさんとの初めての対話は、とにかくこちらも怒られることに免疫がなく、仕事とはいえ、かなり傷つきました。

ここでは、すべてのやりとりを掲載しているわけではないですが、気の弱い人なら泣いてしまうのではないかと思える瞬間もありました。よほど鈍感かマゾ的な人でないと耐えられないのではと、最初は思ったものです。

「もうちょっと他に言い方があるんじゃない？」と思っても、本音しかないインナーアースさんにはムリなのです。

ちなみに、インナーアースという存在をチャネリングする町田さんいわく、「決して怒っているわけではない」とのことですが、やっぱり言葉にトゲがあるのです。

ただし、このことを逆から見ると、人間たちがどれだけいつも本音とは裏腹のやりとりをしているのか、ということでもあるのかもしれません。

そんな質問者たちも、回数を重ねるうちに要領を得てきたようでした。

まず、怒られることには免疫がつきはじめ、怒られても「ひるんではダメ」という町田さんのアドバイスのもと、訊きたいことはインナーアースさんがいやがろうとも、しつこく突っ込んで訊くようになりました。

すると、質問の後に大抵沈黙が続くときは、次の瞬間に怒りの爆弾の一言が落ちるのですが、意外にも思いがけずやさしい言葉が出てくることがあるのです。

このように、人間とは周波数があまりにも違い過ぎるからか、インナーアースさんの〝心〟を読むことは最後までできなかったのですが、要するに、〝愛のムチ〟をふるう母親のような存在であるのがインナーアースさんだということだけはわかりました。

こうして、まったく流れの読めない対話を続ける中で、インナーアースさんが何度も強調していたのが「自分が神であることを知る」、そして、「自分を愛する」ということ。そしてそれらに気づいて「目覚める」ということ。

いろいろな質問を投げかけても、必ずこのテーマへ戻ってくるのです。

結局は、お金も豊かさも、仕事も人間関係も健康問題も、すべては「自分が自分という人生をきちんと生きているか」という一言に尽きるのです。

つまり、自分を愛し、自分自身を生きていれば、どんな問題も解決できるのです。

ただ、それが頭ではわかっていても、すぐにはいろいろなしがらみやこれまでの習慣、生活環境や外的な要因でそうできないのが私たち人間なのです。


だからこそ、インナーアースさんは、ぐさりと私たちの胸を突いてきます。

サディスティックなまでの言葉で、そろそろ本気になりなさい、と。

そして、その厳しいひとことは、くやしいけれども真実を突いています。

これがもし、シュガーコートされたやさしい言葉での対話なら、ただの〝いい感じ〟のセッションで終わっていたでしょう。

そして、こちらも本気で頭を抱えることもないのです。


今回、インナーアースさんとの対話で感じたこと。

それは、私たちもインナーアースさんのように、自分の心にそろそろ正直になってもいいんじゃないか、ということです。

もちろん、人間界におけるトーン&マナーのもとで。

いやなことをいやだと思わないようにして続けたり、やりたいことをやりたいと言わずに他のことをしたりなど、ムリして自分を偽っていた部分をそろそろ解放するのです。

社会生活を送っている私たちが一度にすべてのことを解放するのはムリかもしれませんが、少しずつ、ひとつずつでも自分が自分であることを今こそ取り戻すときなのかもしれません。


最後に、編集にあたって、ところどころで同じ話がループしているような箇所もありますが、それもインナーアースさんとの対話では、こういう流れになるのだということを、あえてそのままの形で紹介したいと考えました。

また、基本的にインナーアースさんは一般的な質問よりも個人の質問に深く答える、という傾向があります。読者に向けて、一般的な質問をするとインナーアースさんは「薄っぺらな質問」といって怒ってきます。

そういう理由から、ところどころ、個人的な質問（貯金が減って困る問題）などをしている箇所がある点をご了承ください。こうした個人的な質問から、インナーアースさんも一気に充実したトークを展開してくれたりするのです。

ただし、町田さんいわく、個人的にみえる質問や回答も、実は、どんな人にも当てはまる問題であるとのこと。一連のやり取りの中から、あなたにも何か気づくポイントがあったなら幸いです。

その気づきをぜひ、日常生活の中に活かし、実践することで私たち人間も変わっていければと思います。

インナーアースさんは、「私の前世って何？」などの興味本位の質問などには見向きもしませんが、その人が本当に困っている問題には本当に真剣になってくれるようなアツい存在でした。

そういう意味では、インナーアースさんこそ、実はとても人間臭い、情の深い人（ここでは、あえて〝存在〟と言わずに〝人〟と言います）なのかもしれません。

本書を通じて、私たち人間の存在意義であり、最も根本的なのに困難な「自分を愛する」ことを今日からはじめてくれる人が一人でも増えることを祈っています。

編集部

町田真知子（まちだ まちこ）

高次元チャネラー
もともと、神社仏閣での神託や、サイキック的なエネルギー調整、ペットや赤ちゃんなどとの対話を得意とし個人セッションを行っていたが、あるとき、名前を持たない、地球内部の高次元存在とのコンタクトがはじまる。
その高次元存在とのチャネリングセッションは質問者の心に深く刺さり、意識の拡大を促す対話、真実を突く深遠なメッセージに、短期間で話題を呼び、数々のメディア等に取り上げられはじめている。
現在は銀河系外の宇宙高次元存在ともチャネリングを行う。

インナーアース（地底人）

地球創生期より地球内部（地底）に存在する、名前を持たない意識体。
地球の表面に住む人類の目覚めを促すためにコンタクトしてきている。
人類すべての人生を体験してきた私たち一人ひとりの未来世でもある。

地底人に怒られたい

2015年11月10日　初版発行

著　者　町田真知子

編　集　西元啓子
発行者　大森浩司
発行所　株式会社 ヴォイス
〒106-0031　東京都港区西麻布3-24-17 広瀬ビル2F
TEL 03-5474-5777（代表）
TEL 03-3408-7473（編集）
FAX 03-5411-1939
http://www.voice-inc.co.jp/
印刷・製本　電算印刷株式会社

万一、落丁・乱丁の場合はお取り替えいたします。

ISBN978-4-89976-445-8
Printed in Japan